法学教育理论与教学

傅建英　何欢　马照泽　主编

辽宁大学出版社　沈阳

图书在版编目（CIP）数据

法学教育理论与教学/傅建英，何欢，马照泽主编. —沈阳：辽宁大学出版社，2024.5

ISBN 978-7-5698-1378-4

Ⅰ.①法… Ⅱ.①傅…②何…③马… Ⅲ.①法学教育—教学研究—高等学校 Ⅳ.①D90

中国国家版本馆 CIP 数据核字（2023）第 257616 号

法学教育理论与教学
FAXUE JIAOYU LILUN YU JIAOXUE

出 版 者：辽宁大学出版社有限责任公司

（地址：沈阳市皇姑区崇山中路 66 号　邮政编码：110036）

印　刷　者：鞍山新民进电脑印刷有限公司
发　行　者：辽宁大学出版社有限责任公司
幅面尺寸：170mm×240mm
印　　张：13.25
字　　数：210 千字
出版时间：2024 年 5 月第 1 版
印刷时间：2024 年 6 月第 1 次印刷
责任编辑：李珊珊
封面设计：高梦琦
责任校对：吴芮杭

书　　号：ISBN 978-7-5698-1378-4
定　　价：88.00 元

联系电话：024-86864613
邮购热线：024-86830665
网　　址：http://press.lnu.edu.cn

前　言

　　法学作为一门博大精深的学科，不仅是一种知识体系，还是一个思维方式和社会规范的承载者，它扮演着引导社会发展、保障公平正义的关键角色，因此，法学教育至关重要。在法学教育中，人才的养成需要积累、掌握较多的理论知识以及技能。而法律技能不同于日常生活技能，法律技能充分依据法律法规、规章制度行事，并且要求法律职业者能够充分依据法律思维能力、法律知识以及法律实践经验对相应事件进行正确的处理。所以，在开展法学教学时，应系统学习、掌握法学理论知识，这有助于培养出具备扎实理论基础和实际操作技能的法律从业人员，他们可以更好地履行法律职责，维护社会的公平和正义，推动社会的进步和发展。

　　鉴于此，本教材首先从法与法律的基本认知、法学教育的发展阶段、法学教育的目的与目标等不同方面切入，探讨法学教育的基本理论，并对法学教育的主要方法进行分析；其次，围绕法学教育的理论实践、法学教育人才培养模式进行论述；最后，对法学教育实践教学体系、法学教育的教学创新进行研究。

　　本教材结构严谨，展现出宽广的视野和清晰的层次，通过深入研究法学教育理论与教学，为法学教育的不断进步提供了有力的支持。本教材旨在为法学教育领域的研究者、从业者和学习者提供宝贵的观点和启发，以促进法学教育的不断发展，为社会的法治建设和公平正义作出更大的贡献。

　　笔者在编写本书的过程中，得到了许多专家学者的帮助和指导，在此表示诚挚的谢意。由于笔者水平有限，加之时间仓促，书中所涉及的内容难免有疏漏之处，希望各位读者多提宝贵意见，以便笔者进一步修改，使本书更加完善。

作　者
2024 年 2 月

目　　录

第一章　法学教育概论 …………………………………………………… 1

　　第一节　法与法律的基本认知 ……………………………………… 1
　　第二节　法学教育的发展阶段 ……………………………………… 21
　　第三节　法学教育的目的与目标 …………………………………… 24
　　思考与练习 …………………………………………………………… 28

第二章　法学教育的主要方法 …………………………………………… 29

　　第一节　法教义学教学法 …………………………………………… 29
　　第二节　模拟审判教学法 …………………………………………… 34
　　第三节　混合式教学法 ……………………………………………… 39
　　思考与练习 …………………………………………………………… 46

第三章　法学教育的理论实践 …………………………………………… 47

　　第一节　民法及其理论实践 ………………………………………… 47
　　第二节　刑法及其理论实践 ………………………………………… 78
　　第三节　行政法及其理论实践 ……………………………………… 91
　　思考与练习 …………………………………………………………… 100

第四章　法学教育人才培养模式 ………………………………………… 101

　　第一节　学术型法学人才培养模式 ………………………………… 101

第二节　辅助型法学人才培养模式 ·············· 104
　　第三节　应用型法学人才培养模式 ·············· 108
　　思考与练习 ····························· 110

第五章　法学教育实践教学体系 ················· 111
　　第一节　法学实践教育及运行 ················· 111
　　第二节　诊所式法学实践教育体系构建 ············ 121
　　第三节　递进式法学实践教育体系构建 ············ 172
　　思考与练习 ····························· 190

第六章　法学教育的教学创新 ··················· 191
　　第一节　新媒体时代法学教育的教学实践 ·········· 191
　　第二节　人工智能赋能法学教育的教学实践 ········· 193
　　第三节　区块链技术在法学教育中的教学实践 ······· 197
　　思考与练习 ····························· 200

参考文献 ································· 201

第一章 法学教育概论

第一节 法与法律的基本认知

一、法的认知

(一) 法的本质

从哲学意义上讲,本质是事物内在的规定性。在揭示法的本质时,既要从阶级根源上进行发掘,又要从社会根源和经济根源上进行发掘。只有这样,才能对法有一个科学的认识。

第一,法是统治阶级意志的体现。统治阶级意志是"取得胜利、掌握国家政权的阶级的意志"。在阶级社会中,"掌握国家政权的阶级"只能是在经济关系和社会关系中居于统治地位的阶级。但应当指出,法所反映的统治阶级意志不是统治阶级的所有意志,通常只有与统治阶级根本利益一致的意志,才需要上升为国家意志并通过法的形式表现出来。另外,法所反映的统治阶级意志是统治阶级的共同意志,不是阶级内部某个人的意志或意志的简单相加。这种根本意志、共同意志是阶级作为一个整体在政治、经济上的根本利益的反映。

第二,法是以国家意志的形式表现出来的统治阶级意志。国家是社会的正式代表,以国家名义所表达的意志即国家意志,全体社会成员都必须遵守,否则将受到国家强制力的制裁。在统治阶级取得政权后,其阶级意志以国家为中介上升为法，获得法律的一般表现形式。实现这种转变通常有两个途径：一是国家对法的制定，即有权的国家机关通过特定程序将统治阶级意志制定为法律规范；二是国家认可，即有权的国家专门机关对社会上现实存在的符合统治阶级意志的一般社会规范赋予法律效力，使之成为在事实上体现统治阶级意志的法律规范。

第三，法所表现的统治阶级意志和国家意志是由特定的社会物质生活条件决定的。物质生活条件是指与人类生存有关的物质资料的生产方式、地理环境、人口等因素。其中，物质资料的生产方式是决定因素。这是因为：一方面，人们通过生产力和生产关系使自然界的一部分转化为物质生活条件，同时使生物的人上升为社会的人；另一方面，在生产过程中发生的人与人之间的关系又是根本的社会关系，其他一切关系包括法律关系都是由它派生出来的，即使是地理环境、人口等因素，也只有通过生产方式才能对法的本质内容产生作用。

（二）法的特征

任何事物的特征都是在与其他事物的比较中表现出来的。法的特征可以概括为以下几个方面：

1. 规范性特征

法是调整人们行为或社会关系的规范，具有规范性。从存在的形态来看，法首先是一种规范。所谓规范，是指人们行为的标准或规则。法不是一般的规范，也不同于技术规范，而是一种社会规范，其作用在于调整人们之间的社会关系。法作为社会规范，具有规范性，规定着人们的行为模式，为人们的行为提供一个模型、标准或方向。它指导人们可以怎样行为、不得怎样行为、应当或必须怎样行为。具有规范性的法不是为某个特定的人而制定的，它所适用的对象是不特定的人，它不是只适用一次，而是可以在有效期内反复适用。

"法的规范性"作为法的一个基本特征，在区别不同的法律文件效力时有重要意义。

2. 国家意志性特征

法是一种特殊的社会规范，它是由国家制定或认可的，体现了国家对人们行为的评价，具有国家意志性。国家通过制定法或者将其他社会规范，以能够被认可的方式赋予其法律效力，来规范、约束和指导人们的行为。

因此，法就具有极大的权威性。任何违反法的规定的行为都是对国家权威的蔑视，国家不会放任自流。

3. 国家强制性特征

法是以国家强制力作为最后保证手段的法律体系，具有国家强制性。所谓强制性，就是指各种社会规范所具有的、借助一定社会力量强迫人们遵守的性质。一切社会规范都有强制性，都有保证其实施的社会力量。

法不同于其他社会规范，它具有特殊的强制性，即国家强制性。法以国家强制力作为后盾，由国家强制力保证其实施。不管人们的主观愿望如何，人们都必须遵守法律，否则将受到国家强制力的制约，或受到相应的法律制裁。但法的强制性是从最终意义上来讲的，并不是说每个法的实施活动或实施过程都必须借助国家政权及其暴力系统。

4. 普遍约束性特征

法在国家权力管辖范围之内具有约束力，具有普遍约束性。法的普遍约束性是指法作为一般的行为规范，在国家权力管辖范围之内具有普遍适用的效力和特性。其内容包括两方面：一是法的效力对象的广泛性，在一国范围之内，任何人的合法行为都无一例外受到法律保护，任何人的违法行为都无一例外受到法律制裁；二是法的效力的重复性，在同样的情况下，法可以反复适用，而不是仅适用一次。由此可见，法的普遍约束性和法的规范性有密切联系。

5. 程序性特征

法有严格程序规定，具有程序性。与其他社会规范相比，法是强调程序、规定程序和实行程序的规范。一方面，法律在本质上要求实现程序化；另一方面，程序的独特性质和功能也为保障法律的效率和权威提供了条件。

在一定意义上可以说，法治发展的程度事实上取决于一个国家法律制度程序化的程度及对法律程序的遵守和服从的状态。一个没有程序或不严格遵守和服从程序的国家，就不会是一个法治国家。在依法治国、建设社会主义法治国家的当代中国，已越来越重视法的程序性，通过程序上的正义来维护实体上的正义，真正实现法的公正和权威。

（三）法的作用

法的作用是指法对人们的行为、社会生活或社会关系产生的影响。法的作用与法的特征和本质有紧密联系，与国家权力也有密切的关系，因为法律是国家意志的体现，是国家权力规范化的标志。法的作用可以分为社会作用和规范作用。

1. 法的社会作用

法的社会作用是法为实现一定的社会目的而发挥的作用，大体可分为以下两个方面：

（1）法的阶级统治职能。在阶级对立的社会中，社会的基本矛盾是对立阶级之间的冲突和斗争。为了维护自己的统治，掌握政权的阶级通过国家制定和实施法律来使自己在社会生活中的统治地位合法化，使阶级冲突和矛盾维持在统治阶级根本利益所允许的限度之内，建立有利于统治阶级的社会关系和社会秩序。

（2）法的社会公共职能。法的社会公共职能产生于处理社会公共事务的客观需要，其使命在于维持社会生存和发展的共同条件，这些共同条件反映了社会的共同利益，体现着社会性。法的社会公共职能包含了大量内容，比如维护基本的社会治安秩序，维护物质资料生产和再生产的基本条件，保护生态环境和确保必要规模的文化事业，等等。尤其是在科技水平和生产的社会化程度日益提高的现代社会，法的社会公共职能具有更加丰富的内容。

2. 法的规范作用

法的规范作用是指法自身表现出来的、对人们的行为或社会关系的可能影响。法的规范作用根据主体范围和方式的不同，可以分为指引作用、评价作用、预测作用、强制作用和教育作用。

（1）指引作用。法对人们行为的指引作用有两种：一是确定性指引，即规定法律义务，要求人们必须做出或不做出一定的行为；二是不确定的指引，即通过规定法律权利，提供一种选择的机会，人们可以做也可以不做。

（2）评价作用。法的评价作用主要指法律对人们行为合法、违法及违法程度具有判断、衡量的作用。

（3）预测作用。法的预测作用表现为人们可以根据法律规范的规定预先估计到当事人双方如何行为及行为会产生什么法律后果。它包括对行为的预测和对行为后果的预测。

（4）强制作用。法的强制作用表现为法为保障自身得以充分实施，运用国家强制力制裁、惩罚违法行为，这也是法的国家强制力的表现。

（5）教育作用。法的教育作用表现为通过法律的实施，对人们今后的行为发生直接或间接的诱导影响。法律把体现在自身规则和原则中的某种思想、观念和价值灌输给社会成员，使其内心确立法律的信念，从而达到使法的外在规范内化，使人形成尊重和遵守习惯的目的。

（四）法的类型

法可以依据不同的标准进行不同的分类，通常可分为以下类型：

第一，成文法和不成文法。成文法和不成文法是依据法是否具有文字表现形式而对法进行的分类。成文法又称制定法，是指有法律规范创制权的国家机关依法定程序制定和公布的具有文字表现形式的法；不成文法又称习惯法，是指国家机关认可的、不具有文字表现形式的法。

第二，实体法和程序法。实体法和程序法是依据法所规定的具体内容的不同而对法进行的一种分类。实体法是指规定人们在政治、经济、文化等方面的社会关系中具有哪些权利和义务的法律，如刑法、民法；程序法则是指为了保证实体法规定的权利和义务的实现而制定的诉讼程序上的法律，如民事诉讼法、刑事诉讼法等。

第三，根本法和普通法。在法律体系中，根本法和普通法有着本质的区别，它们在法律的制定、实施和适用过程中扮演着不同的角色。根本法是指国家最高的法律规范，它确立了国家的基本制度、国家与公民之间的关系以及公民的基本权利和义务。普通法则是指在根本法的基础上，为了解决具体社会问题而制定的法律规范。

第四，一般法和特别法。在法律领域，一般法和特别法分别代表着两种不同的法律规范。一般法是指适用于一类或多类法律事项的普遍性规范，而特别法则是针对特定法律事项或群体制定的特殊性规范。二者在法律体系中各司其职，共同维护社会秩序。

第五，公法和私法。公法和私法是西方资产阶级法学中的常用分类。一般认为，保护国家利益，调整国家与公民或法人之间、国家机关之间关系的法律为公法；保护个人利益，调整公民、法人等平等主体之间的关系的法律为私法。

第六，国内法和国际法。国内法和国际法是以所调整的是一国国内的各种社会关系还是各国间的相互关系为标准，对法进行的分类。国内法是指一国创制并适用于该主权管辖范围内的法。国内法只能在一国主权管辖范围内实施，目的在于调整一国国内的各种社会关系。国际法是指在国际交往中，由不同的主权国家通过协议制定或公认的、适用于调整国家之间相互关系的法。国际法的主体一般是国家，在一定条件下或一定范围内，类似国家的政治实体以及由一定国家组成的国际组织也可以成为国际法主体。国际法的主要形式是国际条约和国际惯例。

二、法律的基本认识

（一）法律结构

1. 法律要素

法律是由法律规范组成的，法律规范是国家制定或认可的，对人们的行为或活动的命令允许和禁止的一种规范。法律规范被区分为法律规则与法律原则，两者都是针对特定情况下有关法律责任的特定的决定。而法律权利与法律义务是由法律规范所规定或指示的。

（1）法律规则。法律规则是指以一定的逻辑结构形式，具体规定人们的法律权利、法律义务，以及相应的法律后果的一种法律规范。

第一，法律规则的构成。任何法律规则均由假定条件、行为模式和法律后果三个部分构成。

一是假定条件。假定条件是描述法律规则中有关适用某规则的条件和情况的部分,即法律规则在何时、怎样的空间、对哪些人适用,以及在怎样的情境下对人的行为有约束力。它包括两个方面:①法律规则的适用条件,其内容包括有关法律规则在哪些时间生效、在哪些地域生效以及对哪些人生效等;②行为主体的行为条件。

二是行为模式。行为模式是法律规则中规定人们的具体行为方式或范型的部分,它是从人们大量的实际行为中概括出来的法律行为要求。根据行为要求的内容和性质的不同,法律规则中的行为模式分为三种:①可为模式,是指在哪些假定条件下,人们"可以如何行为"的模式;②应为模式,是指在哪些假定条件下,人们"应当或必须如何行为"的模式;③勿为模式,是指在哪些假定条件下,人们"禁止或不得如何行为"的模式。从另一个角度看,可为模式亦可称为权利行为模式,而应为模式和勿为模式又可称为义务行为模式。它们的内容是任何法律规则的核心部分。

三是法律后果。法律后果,作为法律规则中规定的一项重要内容,明确了在人们的行为符合或不符合特定行为模式要求时,所应承担的相应法律结果。这是法律规则对人们具有法律意义行为的一种态度体现。根据人们对行为模式实际表现的不同,法律后果可分为两类:其一为合法后果,又称肯定式法律后果,即法律规则对人们遵循行为模式要求所给予的法律肯定,表现为法律规则对人们行为的保护、许可或奖励;其二为违法后果,又称否定式法律后果,即法律规则对人们未遵循行为模式要求所施加的法律否定,表现为法律规则对人们行为的制裁、不予保护、撤销、停止,或要求恢复、补偿等。

第二,法律规则的表现形式。从现代国家的规范性法律文件中有关条文表述的内容来看,法律条文可以分为规范性条文和非规范性条文。规范性条文是指直接表述法律规范(法律规则和法律原则)的条文。非规范性条文是指不直接规定法律规范,而规定某些法律技术内容(如专门法律术语的界定、公布机关和时间、法律生效日期等)的条文,它们总是附属于规范性法律文件中的规范性法律条文的。由此可见，法律规则是法律条文的内容，法律条文是法律规则的表现形式，并不是所有的法律条文都直接规定法律规则，也不是每一个条文都完整地表述一个规则或只表述一个法律规则。

第三，法律规则的类型划分。

①按照规则的内容规定不同，法律规则可以分为授权性规则和义务性规则。授权性规则，是指规定人们有权做一定行为或不做一定行为的规则，即规定人们的"可为模式"的规则；义务性规则，是指在内容上规定人们的法律义务，即规定人们应当做出或不做出某种行为的规则。

②按照规则内容的确定性程度不同，可以把法律规则分为确定性规则、委任性规则和准用性规则。确定性规则，是指内容本已明确肯定，无须再援引或参照其他规则来确定其内容的法律规则。法律条文中，绝大多数法律规则属于此种规则。委任性规则，是指内容尚未确定，只规定某种概括性指示，由相应国家机关通过相应途径或程序加以确定的法律规则。准用性规则，是指规则的内容本身没有规定人们具体的行为模式，可以援引或参照其他相应内容规定的规则。

③按照规则对人们行为规定和限定的范围或程度不同，可以把法律规则分为强行性规则和任意性规则。强行性规则，是指内容规定具有强制性质，不允许人们随便加以更改的法律规则。义务性规则、授权性规则属于强行性规则。任意性规则，是指规定在一定范围内，允许人们自行选择或协商确定为与不为、为的方式以及法律关系中的权利义务内容的法律规则。

（2）法律原则。法律原则，是为法律规则提供某种基础或本源的综合性的、指导性的原理或价值准则的一种法律规范。它的确定性与可预测性的程度相对较低，因此，它无法直接作为对特定裁判的依据，必须在此基础上进一步确立规范性前提。

第一，法律原则的适用条件。一般而言，法律原则可以克服法律规则的僵硬性缺陷，弥补法律漏洞，保证个案正义。这在一定程度上缓解了规范与事实，从而能够使法律更好地与社会相协调一致。但由于法律原则内涵抽象，外延宽泛，直接作为裁判案件的标准发挥作用时，会赋予法官较大的自由裁量权，从而不能完全保证法律的确定性和可预测性。为了将法律原则的不确定性控制在一定限度之内，需要对法律原则适用设定以下严格的条件：

①穷尽法律规则，方得适用法律原则。只有出现无法律规则可以适用的情形，法律原则才可以作为弥补"规则漏洞"的手段发挥作用。

②除非为了实现个案正义，否则不得舍弃法律规则而直接适用法律原则。如果某个法律规则适用于某个具体案件，没有产生极端的人们不可容忍的不正义的裁判结果，法官就不得轻易舍弃法律规则而直接适用法律原则。

要判断哪些规则在何时以及何种情况下严重违背正义，是一项极其复杂的工作。在考虑适用某个原则时，必须提出比原法律规则更充分的理由，否则第二个条件规则很难被接受。基于某一原则提供的理由必须足够强大，足以推翻支持此规则的形式原则，尤其是其确定性和权威性。同时，主张适用法律原则的一方必须承担举证和论证的责任。

第二，法律原则的种类。

①公理性原则和政策性原则。按照法律原则产生的基础的不同，可以把法律原则分为公理性原则和政策性原则。公理性原则，即由法律原理（法理）构成的原则，是由法律上的事理推导出来的法律原则，是严格意义的法律原则，如法律平等原则、诚实信用原则、罪刑法定原则等，它们在国际范围内具有较大的普适性。政策性原则是一个国家或民族出于一定的政策考量而制定的一些原则，如我国宪法中规定的"依法治国，建设社会主义法治国家"的原则等，政策性原则具有针对性、民族性和时代性。

②基本原则和具体原则。按照法律原则对人的行为及其条件覆盖面的宽窄、适用范围的大小，可以把法律原则分为基本原则和具体原则。基本原则是整个法律体系或某一法律部门所适用的、体现法的基本价值的原则，如宪法所规定的各项原则。具体原则是在基本原则指导下适用于某一法律部门中特定情形的原则，如（英、美）契约法中的要约原则和承诺原则、错误原则等。

③实体性原则和程序性原则。按照法律原则涉及的内容和问题的不同，可以把法律原则分为实体性原则和程序性原则。实体性原则是直接涉及实体

法问题（实体性权利和义务等）的原则，如宪法、民法、刑法、行政法中所规定的多数原则属于此类。程序性原则是指涉及程序法（诉讼法）问题的原则，如诉讼法中规定的"一事不再理"原则、辩护原则、非法证据排除原则、无罪推定原则等。

第三，法律原则与法律规则的区别。

①在内容上，法律规则的规定是明确具体的，它着眼于主体行为及各种条件的共性，其明确具体的目的是削弱或防止法律适用上的"自由裁量"。而法律原则的着眼点不仅限于行为及条件的共性，而且关注它们的个别性，其要求比较笼统、模糊，它不预先设定明确的、具体的假定条件，更没有设定明确的法律后果。

②在适用范围上，法律规则由于内容具体明确，只适用于某一类型的行为。而法律原则有更大的覆盖面和抽象性，是对从社会生活或社会关系中概括出来的某一类行为、某一法律部门或全部法律体系均通用的价值准则，具有宏观指导性，其适用范围比法律规则宽广。

③在适用方式上，法律规则是以"全有或全无的方式"或涵摄的方式应用于个案当中的：如果一条规则所规定的条件被该案件事实所满足，那么，这条规则所规定的法律后果就被确定地适用该案件。而法律原则的适用则不同，不同的法律原则是具有不同的强度的，而且这些不同强度甚至冲突的原则都可能存在于一部法律之中。所以，当两个原则在具体的个案中冲突时，法官必须根据案件的具体情况及有关背景在不同强度的原则间做出权衡。

（3）权利和义务。权利和义务是一切法律规范、法律部门，甚至整个法律体系的核心内容。法的运行和操作的整个过程和机制（如立法、执法、司法、守法、法律监督等），无论其具体形态多么复杂，终究是围绕权利和义务这两个核心内容和要素而展开的：确定权利和义务的界限，合理分配权利和义务，处理有关权利和义务的纠纷与冲突，保障权利和义务的实现，等等。

"权利"一词，可以在不同的意义上使用，如"道德权利""自然权利""习惯权利""法律权利"等。所谓法律权利，就是国家通过法律规定对法律关系主体可以自主决定是否做出某种行为的许可和保障手段。其特点在于：①权利的本质由法律规范所决定，得到国家的认可和保障，当人们的权利受到侵犯时，国家应当通过制裁侵权行为来保证权利的实现；②权利是权利主体按照自己的愿望来决定是否实施某种行为的许可，因而权利具有一定程度的自主性；③权利是为了保护一定的利益所采取的法律手段，权利与利益是紧密相连的。通过权利所保护的利益并不总是本人的利益，也可能是他人的、集体的或国家的利益；④权利总是与义务人的义务相关联的。离开了义务，权利就不能得到保障。

"义务"一词，其意义主要包括：①它是指义务人必要行为的尺度（或范围）；②它是指人们必须完成或不完成一定行为的法律约束；③它是指人们实施某种行为的必要性。义务的性质表现在两点：①义务所指出的，是人们的"应然"行为或未来行为，而不是人们事实上已经履行的行为，已履行的"应然"行为是义务的实现，而不是义务本身；②义务具有强制履行的性质，义务人不可随意转让或违反义务的内容。义务在结构上包括两个部分：一是义务人必须根据权利的内容做出一定的行为，在法学上被称作"作为义务"或"积极义务"（如赡养父母、抚养子女、纳税、服兵役等）；二是义务人不得做出一定行为的义务，被称为"不作为义务"或"消极义务"，如不得破坏公共财产、禁止非法拘禁、严禁刑讯逼供，等等。

2. 法律体系

法律体系，也称为部门法体系，是指一国的全部现行法律规范按照一定的标准和原则，划分为不同的法律部门而形成的内部和谐一致、有机联系的整体。法律体系是由一国国内法构成的体系，不包括完整意义上的国际法，即国际公法。它反映着一国法律的现实状况，因而不包括历史上废止的已经不再有效的法律，一般也不包括尚待制定、还没有生效的法律。

法律体系是一种客观存在的社会生活现象，反映了法的统一性和系统性。研究法律体系，对科学地进行立法预测、立法规划，正确地适用法律解决纠纷，全面地进行法律汇编、法典编纂，合理地划分法律学科、设置法学课程等都具有重要的意义。

当代中国的法律体系主要由七个法律部门和三个不同层级的法律规范构成，部门齐全、层次分明、结构协调、体例科学。七个法律部门是：宪法及宪法相关法，民法商法，行政法，经济法，社会法，刑法，诉讼与非诉讼程序法。三个不同层级的法律规范是：法律，行政法规，地方性法规、自治条例和单行条例。

（二）法律运行

1. 立法

立法，也称法的创制，是指一定的国家机关依照法定职权和程序制定、修改、废止规范性法律文件或认可法律规范的活动。立法的概念有广义和狭义之分。广义的立法是指享有法律规范创制权的国家机关创制各种具有不同法律效力的规范性文件的活动；狭义的立法则专指国家最高权力机关及其常设机关依照法律规定的程序制定、修改、废止宪法和法律的活动。

根据法的创制方式和表现形式的不同，可以把法的创制分为制定法律规范和认可法律规范。制定法律规范包括制定、修改、废止，即国家机关依照法定权限范围和程序，根据社会生活的需要，运用立法技术创造或变动一定行为规范的活动。认可法律规范是指国家机关根据社会需要，将社会生活中已经以其他形式（如道德、政策、习惯等）存在的一些行为规范认可为法律规范，赋予其法律效力的活动。

（1）我国立法的指导思想。我国处于社会主义初级阶段，国家在这一阶段的基本任务是根据中国特色社会主义理论，集中力量进行社会主义现代化建设：以经济建设为中心，坚持四项基本原则，坚持改革开放，建设富强、民主、文明、和谐的社会主义现代化国家。这是我国立法的根本指导思想。

（2）我国立法的基本原则。立法原则是指导立法主体进行立法活动的基本准则，是立法过程中应当遵循的指导思想。我国立法主要遵循三大原则。

第一，法治原则。立法的法治原则要求一切立法活动应当以宪法为根据，符合宪法的精神；立法活动都要有法律依据，立法主体、立法权限、立法程序都应符合法律规定；立法机关必须严格按照法律规范的要求行使职权、履行职责，从国家整体利益出发，维护社会主义法治的统一和权威。

第二，民主原则。立法应当体现广大人民的意志和要求，发扬社会主义民主，保障人民通过多种途径参与立法活动。

第三，科学原则。立法应当实事求是，从实际出发，尊重社会的客观实际情况，根据客观需要反映客观规律的要求；要以理性的态度对待立法工作，注意总结立法活动背后的普遍联系，揭示立法的内在规律，科学合理地规定公民、法人和其他组织的权利和义务以及国家机关的权力和责任，应十分重视立法的技术和方法，提高立法的质量。

2. 法的实施

法的实施是指使法律规范的要求在社会生活中得到实现的活动，是将法律规范的要求转化为人们的行为、将法律规范中的国家意志转化为现实规则的过程，是使法律规范的抽象规定具体化、由可能性转变为现实性的过程。法的实施包括执法、司法和守法。

法自身不能自动被实施或实现，法的实施必须通过两个途径：一是一切国家机关、社会团体、公职人员和公民自觉行使权利和履行义务；二是依靠专门国家机关和公职人员行使职权、依法办事，把法律规定运用到具体的人或组织。前者称为"法的遵守"，后者称为"法的适用"。

法的遵守，即"守法"，是法的实施的基本形式，其内容包括三个方面：①权利的行使；②积极义务的履行；③禁令的遵守。法的适用是法的实施的另一种形式，法的适用的基本要求是正确、合法、及时。

（1）执法。执法是指国家行政机关及其公职人员依法行使管理职能、履行职责、实施法律的活动。

第一，执法的特点。一般而言，执法活动的特点包括：①执法以国家的名义对社会进行全面管理，具有国家权威性。行政机关执行法律的过程就是代表国家进行社会管理的过程，社会大众应当服从。②执法主体是国家行政机关及其公职人员。在我国，执法主体可分为两类：一是中央政府和地方各级政府；二是各级政府中的行政职能部门。③执法具有国家强制性，行政机关执行法律的过程同时也是行使执法权的过程。④执法具有主动性和单方面性，行政机关应以积极的行为主动执行法律，履行职责，而不一定需要行政相对人的请求和同意。

第二，执法的原则。国家行政机关及其公职人员在执法活动中应遵循的原则包括：①依法行政的原则，即行政机关必须根据法定权限、法定程序和法治精神进行管理，越权无效，这是现代法治国家行政活动的一项基本原则；②讲求效率原则，即行政机关在依法行政的前提下，应当讲求效率，主动有效地行使其职能，以取得最大的行政执法效益；③公平合理原则，即行政机关在严格执行规则的前提下应做到公平、公正、合理、适度。

（2）司法。司法是指国家司法机关根据法定职权和程序，具体运用法律处理案件的专门活动。司法是实施法律的一种方式，对实现立法目的、发挥法律功能具有重要意义。

第一，司法的特点。司法的特点主要包括：①司法是由特定的国家司法机关及其公职人员，按照法定职权实施法律的专门活动，具有国家权威性。②司法是司法机关以国家强制力为后盾实施法律的活动，具有国家强制性。③司法机关必须严格按照法定职权和程序，运用法律处理案件，有严格的程序性。法定程序是保证司法公正、正确、及时的前提。④司法必须有明确表明法的适用结果的法律文书，如判决书、裁定书、决定书等。

第二，司法机关适用法律必须遵循的基本原则。

一是司法公正和效率。司法公正是法的精神的内在要求，也是维护社会正义的最后一道防线。只有公正地审理案件，才能保护人民，保护当事人的合法权益，从而达到维护社会稳定、促进经济发展的目的。效率和公正不是分开的，迟来的公正不是完整意义上的公正，司法机关必须在保证公正的前提下提高司法效率。

二是以事实为根据，以法律为标准。以事实为根据，是指司法机关审理案件，只能以与案件相关的客观事实为根据，不能主观臆断、先入为主。以法律为标准，是指严格按照法律规定办事，有法必依、执法必严、违法必究，它的目的是使司法机关准确、合法、及时地处理案件，正确处理各类纠纷，制裁违法行为，切实维护国家、集体和个人的合法权益。

三是公民在法律面前一律平等。在司法领域，公民在法律面前一律平等的含义包括：①在我国，法律对全体公民，不分民族、种族、性别、职业、家庭出身、财产状况，都是统一适用的，所有公民依法平等享有权利并承担义务；②任何权利受到侵犯的公民，都会平等地受到法律的保护；③在诉讼过程中，要保障当事人享有法律规定的诉讼权利；④对任何组织或公民的违法犯罪行为，都必须追究其法律责任，不允许任何人有凌驾于法律之上的特权。

四是司法机关依法独立行使职权。我国宪法和法律规定了司法机关独立行使职权的原则，其含义是：①司法权的专属性。国家司法权即审判权和检察权只能由国家审判机关和检察机关统一行使，其他任何机关、团体和个人均无权行使这一权力。②行使职权的独立性。人民法院和人民检察院依法独立行使职权，不受任何行政机关、社会团体和个人干涉。③行使职权的合法性。人民法院和人民检察院必须严格按照法律规定，正确适用法律，不得滥用职权，枉法裁判。

（3）守法。守法，即对法的遵守，是指公民、法人和其他组织以法律为自己的行为准则，依照法律行使权利、履行义务的活动。一切国家机关和武装力量、各政党和各社会团体、各企业事业组织都必须遵守宪法和法律。一切违反宪法和法律的行为必须予以追究。任何组织和个人都不得有超越宪法和法律的特权。这表明，在我国，所有人都是守法主体，任何组织都有义务守法。

（4）违法。违法是指具有一定主体资格的公民或组织由于主观上的过错，所实施的具有一定社会危害性、依照法律应当予以追究的行为。违法行为必须具备以下四个条件：

第一，违法必须是一种违反法律的行为，即具有本身行为的违法性。它包括两层含义：一是行为必须具有违法性，只有违反了现行法规才构成违法；二是违法必须是一种行为，单纯的思想或意识活动并不构成违法，只有当内在的思想或意识表现为外在的行为时，才可能构成违法。

第二，违法行为的主体必须是实施违法行为、具有相应的责任能力的公民、法人或其他组织。

第三，违法通常总要在一定程度上侵犯法所保护的社会关系，行为结果具有社会危害性。需要明确的是：危害社会的后果既包括客观上已经造成危害的情况，也包括没有实际造成但法律上认为可能明显造成危害的情况。危害后果既包括物质上的，也包括精神上的。

第四，违法行为的主观方面是指行为人主观上有过错。这种过错是故意或过失。故意是指行为人明知自己的行为可能发生危害社会的后果，却希望或放任这种结果的发生；过失是指行为人应当预见到自己的行为可能发生危害社会的后果，却因为疏忽大意没有预见到，或虽已预见到但轻信能够避免，以致发生危害后果而构成违法。如果行为人虽客观上造成了危害后果，但主观上并没有过错，则不能构成违法。根据违法行为所违反的法律和所侵犯的社会关系，可以将其分为刑事违法、民事违法、行政违法和违宪。

（三）法律关系

1. 法律关系的特性

"法律关系之产生、变更与消灭，是一个规范逻辑的进程。各法律概念在此进程中随着主体的行动依次出现，不同概念之间的规范逻辑关系亦得以呈现。对诸法律概念在法律关系发展进程中的规范逻辑关系进行讨论，有助于深入理解各法律概念及其复杂联系。"[1] 法律关系是法律规范在调整社会关系的过程中形成的人们之间的权利义务关系。由此可见，法律关系具有如下特性：

（1）法律关系是根据法律规范建立的一种社会关系。法律规范设定了法律关系产生、变更、消灭的一般条件和法律关系的一般内容，任何一种法律关系的存在都是以法律规范的存在为前提的。

（2）法律关系是特定主体间在法律上的权利和义务关系。法律关系是以法律上的权利、义务为纽带形成的社会关系，没有主体的实际法律权利和法律义务，就不可能有法律关系的存在。因此，法律权利和义务的内容是法律

---

[1] 李旭东. 论规范逻辑进程中的法律概念 [J]. 哈尔滨工业大学学报（社会科学版），2021，23 (4): 52.

关系区别于其他社会关系的重要标志。

（3）法律关系是法律形式与社会内容的统一。一方面，法律关系是人们的社会关系的硬性外壳，如果没有法定权利和义务关系，任何一种社会关系都不具备法律关系的属性；另一方面，法律关系又以人们的社会活动和实际联系为内容和载体，没有这个社会内容，法律关系就毫无意义。

2. 法律关系的类型

（1）一般法律关系与具体法律关系。依据法律关系主体的具体化程度不同，可以将其划分为一般法律关系和具体法律关系。

第一，一般法律关系是根据宪法形成的国家、公民、社会组织及其他主体之间普遍存在的社会关系。

第二，具体法律关系的主体是具体的。具体法律关系的产生，不但要有法律的规定，而且要有具体事实的发生。

（2）绝对法律关系与相对法律关系。依据法律关系的主体是单方具体化还是双方具体化，可以将其划分为绝对法律关系和相对法律关系。

第一，绝对法律关系中的主体权利人是具体的，而义务人是除了权利人之外的所有人。最典型的绝对法律关系是所有权关系。

第二，相对法律关系中的主体权利人和义务人都是具体的。最典型的相对法律关系是债权关系。

（3）平权型法律关系与隶属型法律关系。依据法律关系主体之间相互地位的不同，可以将其划分为平权型法律关系和隶属型法律关系。

第一，平权型法律关系，即法律关系主体之间的地位是平等的，相互间没有隶属关系。民事法律调整平等主体之间的财产关系和人身关系，因而民事法律关系是典型的平权型法律关系。

第二，隶属型法律关系，即法律关系的主体之间是相互隶属的，一方服从于另一方。行政法律关系是典型的隶属型法律关系。

（4）调整性法律关系与保护性法律关系。依据法律关系的产生是否需要法律制裁，可将其划分为调整性法律关系和保护性法律关系。

第一，调整性法律关系是不需要法律制裁，主体权利就能够正常实现的法律关系。它建立在主体合法行为的基础上，是法的实现的正常形式。

第二，保护性法律关系是在主体权利与义务不能正常实现的情况下，通过法律制裁而形成的法律关系。它是在主体违法行为的基础上产生的，是法的实现的非正常形式。最典型的保护性关系就是刑事法律关系。

3. 法律关系的主体

法律关系的主体是指法律关系的参加者，即在法律关系中依法享有权利和承担义务的人或组织。其中，享有权利的一方称为权利人，承担义务的一方称为义务人。作为法律关系的主体，应该具备一定的资格和能力，包括权利能力和行为能力。法律关系主体的权利能力，是法律关系主体享有权利和承担义务的资格。权利能力对公民来说有两大类：一是一般权利能力，为所有公民终生享有，如民事上的名誉权；二是特殊权利能力，即与公民的年龄、身份等条件相联系的权利能力，如享有选举权和被选举权的政治权利需要达到法定的年龄才具有。

法律关系主体的行为能力，是指法律承认的、法律关系主体通过自己的行为取得的享有权利和承担义务的能力。可见，行为能力意味着主体对自己的行为及其后果具有认识和判断能力，既能独立享有权利，又能有效履行义务。从这个意义上讲，每个主体的权利能力和行为能力并非自然一致。世界各国的法律一般把本国公民划分为完全行为能力人、限制行为能力人和无行为能力人。在我国民事领域，按自然人的行为能力分为三类：①完全行为能力人，是指达到一定法定年龄、智力健全、能够对自己的行为负完全责任的自然人，我国民事完全行为能力人是指18周岁以上的公民，16周岁以上未满18周岁但以自己的劳动收入为主要生活来源的，可以视为完全民事行为能力人；②限制行为能力人，是指行为能力受到一定限制，只具有部分行为能力的人；③无行为能力人，是指完全不能以自己的行为行使权利和履行义务的人。

4. 法律关系的客体

法律关系的客体是法律关系主体之间权利和义务指向的对象，是构成法律关系的要素之一。

(1) 物。法律意义上的物是指由法律关系的主体支配的、在生产和生活中所需要的客观实体。物可以是劳动创造的，也可以是天然存在的（如土地、矿藏等）；可以是有固定形状的，也可以是没有固定形状的（如天然气）。并不是一切天然存在的物都可以是法律关系的客体，尚未被人类认识和控制或不能给人们带来物质利益的，就不可能成为法律关系的客体。哪些物可以作为法律关系的客体和作为哪些法律关系的客体，应由法律具体规定。

(2) 精神产品。精神产品是非物质财富，属于人类精神文化现象，是人类及个体精神活动物化的结果，其中包括知识产品和道德财富。精神产品是主体从事智力活动所取得的非物质财富，道德财富则是指主体在各种社会活动中所取得的物化或非物化的道德价值。

(3) 行为结果。作为法律关系客体的行为结果，主要是指义务人完成其行为后所产生的能够满足权利人要求的结果。这种结果大致分两种：一是物化结果，即义务人的行为凝结于一定的物体，产生一定的物化产品或营建物；二是非物化结果，即行为人的行为没有转化成物态产品，仅表现为一定的行为过程并产生权利人所期望的结果。作为法律关系客体的行为结果不完全等同于义务人的义务，但又与义务人义务的履行过程紧密相关。

(四) 法律责任

法律责任指的是行为人做某种事或不做某种事所应承担的不利后果，即行为人因违法行为而应承受的某种不利的法律后果。

1. 法律责任的特点分析

(1) 法律责任的法定性。是否应承担法律责任的最终依据是法律。如果没有相关的法律规定，即便社会对行为人的行为评价极低，行为人也不用承担法律责任。

(2) 法律责任具有国家强制性。法律责任的追究和实现往往通过有关国家机关依据法定职权和程序予以追加，或者以国家强制力予以保证。如在追究刑事责任时，公安、检察和法院三部各依职权和程序追究责任人的法律责任。

2. 法律责任的类型划分

（1）刑事责任。刑事责任是指行为人因其犯罪行为而必须承受的、由司法机关代表国家明确规定的否定性法律后果，其特点如下：针对的行为具有严重社会危害性；它往往是一种惩罚性责任；本着罪刑法定的原则使行为人罪责自负。

（2）民事责任。民事责任是指由于违反民事法律规范、违约或者逃避民法规定所应承担的一种法律责任。其特点如下：它更多的是一种救济责任，主要目的是填补损失；它主要是一种财产责任，也包括以人身、行为、人格等为责任承担内容的非财产责任。民事责任通常可以分为两类：一是由违约行为（或不履行其他义务）而产生的违约责任；二是由侵权行为产生的一般侵权责任及由法律规定所产生的特殊侵权责任。

（3）行政责任。行政责任是指因违反行政法律规范或行政法的规定而应承担的不利后果。行政责任的责任主体包括行政主体和行政相对方。由于行政法律关系主体的地位往往是不平等的，因此在行政主体作为责任主体时，通常实行过错推定的方法。

（4）违宪责任。违宪责任通常是指因有关国家机关制定的规范性法律文件或者国家机关做出的具体权力行为与宪法相抵触而应承担的法律责任。违宪责任产生的原因是违宪行为。

3. 法律责任的实现方式

法律责任的实现方式是指承担或追究法律责任的具体形式，包括制裁、补偿和强制。

（1）制裁。制裁是指特定的国家机关对违法者实施的强制性惩罚措施，其内容包括对责任主体的人身、精神以及财产方面的惩罚。根据法律责任的种类进行划分，制裁可以分为违宪制裁、刑事制裁、民事制裁和行政制裁。

（2）补偿。补偿是指国家强制力或当事人要求责任主体以作为或不作为的形式弥补或赔偿所造成的损失。与针对行为主体的制裁相比，补偿主要是从受害人的角度出发，其所受到的损失由责任主体承担。相比之下，制裁注重惩罚行为人的主观恶性，而补偿注重弥补受到的损害。在我国，补偿主要包括民事补偿、行政补偿。

（3）强制。强制是指国家通过强制力，迫使不履行义务的责任主体履行义务的责任方式。强制包括对人身的强制和对财产的强制，前者包括强制治疗、强制戒毒、强制传唤以及强制履行等。

第二节　法学教育的发展阶段

一、法学教育的恢复发展阶段

（一）恢复重建阶段

自1977年恢复高考制度以后，全国几大政法名校开始招生。此后法学专业的招生人数呈现逐年上涨的趋势。

1983年12月31日至1984年1月5日，教育部、司法部在北京联合召开全国高等法学教育座谈会，这次座谈会是二十多年来第一次召开有关高等法学教育的全国性会议。大会对改革开放以后高等法学教育恢复和重建的经验做了认真的总结，并对高等法学教育各层次的培养目标作了具体规定，具体如下：

第一，规定全日制高等法学院系本科一般为四年，主要是培养毕业后能从事法院工作、检察院工作、律师事务所工作、公证以及公司法律顾问等业务工作以及教学和科研部门的法律人才。

第二，攻读硕士学位的研究生一般为三年，主要是培养高校师资和国家机关及科研机构从事理论工作、政策研究工作的高级人才。

第三，大学专科一般为两年，主要培养政法部门实际工作干部。

这次座谈会确定了20世纪80年代中后期高等法学教育的基本方针。

（二）调整发展阶段

从1978年改革开放以来，法学教育逐渐受到社会的重视，得到了一定的恢复和重建。法学人才逐渐增加，不断地进入国家司法体系。到1984年，法学专业的学生（包括招生的、在读的和毕业的专科生、本科生和研究生）已经有 40895 人。

为了解决法律人才的培养和法学教育的发展仍然无法满足社会发展需求这一问题，1983 年 12 月 31 日至 1984 年 1 月 5 日，教育部、司法部联合召开全国高等法学教育座谈会。会议中提出，教育部与司法部除了继续采取"大力发展、充实提高"的方针，大力发展普通高等法学教育以外，应当更加着重强调"多层次、多种形式办学""全日制教育和业余教育并举""除了继续巩固、提高和发展大学本科外，应大力发展大专、中专这两个层次"的办学方针。应大力培训在职干部，大力发展广播电视大学、函授大学、自学考试等多种形式法律专业的教学。

这次会议总结了 1977 年以来法学教育从恢复到重建再到慢慢走上正轨的成功经验，并为 20 世纪 80 年代中后期的法学教育指明了正确的发展方向。自此以后，我国法学教育逐渐形成多层次、多形式的格局，比如试行"夜大学""专升本"等教育制度，开办"全国律师函授中心""全国企事业顾问培训班""司法部涉外经济法律人才培训中心"等。法学教育在这一时期得到了快速发展，为 20 世纪 90 年代的法学教育奠定了基础。

二、法学教育的改革发展阶段

（一）对法学教育质量的改革和发展

1984—1991 年，我国法学教育逐渐形成多层次、多形式的格局，法学教育的总体水平得到了很大的提升。到了 1992 年，我国针对法学教育的质量问题提出了改革和发展的新方法。

在中国特色社会主义理论的指导下，全国代表大会确定了 20 世纪 90 年代我国改革和建设的主要任务：必须把教育摆在优先发展的战略地位，努力提高全民族的思想道德和科学文化水平。这是实现我国现代化的根本大计。为了使教育更好地为社会主义现代化建设服务，建立各级各类教育的质量标准和评估指标体系应运而生。各地教育部门要把检查评估学校教育质量作为一项经常性的任务。加强督导队伍，完善督导制度，加强对中小学学校工作和教育质量的检查和指导。对职业技术教育和高等教育采取领导、专家和社会用人部门相结合的办法，通过多种形式进行质量评估和检查。各类学校要重视、了解用人单位对毕业生质量的评估。

对政法院系及设置政法专业学校所实施的管理和教育上的监督使这一时期的法学教育质量有了一定的提高。

(二) 对科研和师资队伍的力量与结构进行改革发展

1984—1991年为法学教育调整发展阶段，因为法学教育规模的迅速扩大，师资力量严重缺乏的矛盾日益显著。所以在1992年之后，有关部门开始关注法学教育师资力量的不足和结构上的不科学，并以学科建设为核心，凝练学科方向，汇聚学科队伍，构筑学科基础。提高重点建设高等学校的人才培养质量、科学研究水平和社会服务能力，成为国家和地方解决经济、科技和社会发展重大问题的基础。在全国范围内逐步形成布局合理、各具特色和优势的重点学科体系，使一批重点学科尽快达到国际先进水平。在师资方面全面推动教师教育创新，构建开放灵活的教师教育体系，完善教师终身学习体系，加快提高教师和管理队伍素质。进一步深化人事制度改革，积极推进全员聘任制度。

以上内容均说明在1992—2005年，我国对科研和师资队伍的建设是非常重视的。所以在这一期间，法学教育的科学研究和师资力量的结构均进行了相应的改革，促进了我国法学教育的发展。

三、法学教育的创新发展阶段

第一，人本化。以人为本有两个含义。首先，以教师为本；其次，以学生为本。大学最核心的任务是人才培养，在学校所有功能当中，第一功能就是人才培养，要始终把人才培养作为中心工作。

第二，现代化。大学制度现代化、构建现代大学制度，对法学教育非常重要。不仅要实现硬件现代化，还要实现软件现代化，更要实现法学院教师的思想现代化。

第三，信息化。在信息化时代，法学教育也必须信息化。学生可以在网上选择选修课程。构建智慧教学楼，拥有最先进的信息技术教室。

第四，国际化。法学教育的国际化，通过国际交流和合作，培养学生的国际视野、世界眼光、国际交往能力和国际竞争能力。

第五，实践化。法学教育面向法治实践。中国改革开放波澜壮阔，改革开放过程中的法治建设也是如火如荼。法学学科要打破社会和高校的壁垒，把优质的法治实践的资源引进高校，让实践部门的专家能够参与法学教育培养方案的制定和教学等。

第三节　法学教育的目的与目标

一、法学教育的目的

（一）教育目的的类型

"教育目的指的是教育要达到的预期结果，反映了教育在人的培养规格标准、努力方向和社会倾向性等方面的要求。"[①] 教育目的既包括国家对教育人才培养的总体要求，又包括教育活动要达到的培养目标。

教育目的是根据一定的社会需要和对人的认识而形成的对教育对象总体发展规格的预期设想或规定，它以观念或思想的形式存在并发挥作用。从这个意义上说，教育目的似乎具有高度的抽象概括性，但是它并不是一个遥遥无期的幻想，而是一个由许多相对独立又相互联系的目标构成的体系，按照从抽象到具体、从整体到局部的方法，可以将教育目的划分为不同的层次。每一层次的目标都符合教育总的目的，每一层次又都具有一定的功能，由大到小构成了概念的等级性。教育目的的类型如下：

第一，正式决策的教育目的。正式决策的教育目的是指被社会一定权力机构确定，并要求所属的各类教育都必须遵循的目的。

[①] 康琪，丁邦平. 关于教育目的与教育目标、教学和课程目标关系的再思考 [J]. 北京教育学院学报，2016，30（2）：39.

第二，价值性教育目的。价值性教育目的是指具有价值判断意义的教育目的，即含有一定价值观实现要求的教育目的，表示人才培养所具有的某种价值取向，是指导教育活动最根本的价值内核。

第三，操作性教育目的。操作性教育目的是指具有实践操作意义的教育目的，即现实要达到的具体教育目标，表示实际教育工作努力争取实现的某些具体目标，一般由短期教育目标、中期教育目标、长期教育目标组成。

第四，终极性教育目的。终极性教育目的也称理想教育目的，表示各种教育及其活动在人的培养上最终要实现的结果，它蕴含着人的发展要求具有的"完人"的性质。

第五，发展性教育目的。发展性教育目的也称现实教育目的，表示教育及其活动在发展的不同阶段所要实现的结果，表明对人培养的不同时期、不同阶段前后具有的衔接性的各种要求。

第六，非正式教育目的。非正式教育目的是指蕴涵在教育思想、教育伦理中的教育目的。它不是被社会一定的权力机构正式确立而存在的，而是借助一定的伦理主张和社会根基而存在的。

(二) 法学教育目的的内容

法律知识和职业技能的教育是法学教育的应有之义，作为现代高等教育的重要组成部分，法学教育承担着培养法律人才、发扬一国法律传统和法律理想、传播法律知识和职业技能、弘扬法治精神的重要任务。法律教育的目的在于训练为社会服务、为国家谋利益的法律人才。这种人才，一定要有法律学问，才可以认识并且改善法律；一定要有社会常识，才可以合于时宜地运用法律；一定要有法律道德，才有资格来执行法律。法学教育的目的应包括以下方面的内容：

第一，法学教育最基础的价值即传授法律知识。法律知识的传授是法学教育产生的最基础的动机。法学教授活动不仅使得一代一代人们积累的法律知识得以传承，并且在这种教师与学生的互动碰撞中还可以推陈出新，创造出新的法律知识与方法论。因此，法学知识的传授是一个教学相长的过程，是法学始终保持活力的重要因素。法学被誉为"强国"和"治国"之学，法学知识和人才在很大程度上是国家和民族得以强盛的有力保证。

第二，就法学教育的操作性目的来说，就是要培养人的法律职业技能和法学思维方式。法学教育不仅是单纯的法律知识的传授和学术培养，而且是一种法律职业训练。法律是一种社会化的实践，一种职业性的知识，在很大程度上是排斥别出心裁和异想天开的。它有时甚至不要求理论，而只要求人们懂得如何做。因此，我们更应当考虑社会的实际需求，重视法律职业思维培养和处理实际问题能力的训练，包括法律分析推理能力训练、法律调查和询问技巧的掌握、法律文书制作技巧等。

第三，培养实用性、综合性法律人才是法学教育的现实目的。法律教育需要培养经受过严格专业训练的法律职业人，包括具有精深法律理论的学术人才和理性实践能力的法官、检察官与律师。

第四，法学教育应当遵循国家对高等教育的总体要求和国家关于法治建设的总体要求。法学教育也必须重视人的和谐发展。法学教育不应当停留在普法教育的水平，更重要的是要培育法治理想，塑造法律人才。

第五，培养法律职业道德。法学院的职业道德教育由来已久，不少法学院都设有法律伦理、律师职业道德等课程。法律职业道德不仅包括法律职业伦理规范，还包括法律职业者的个人品格修养。法律工作者一直以来都被认为是正义的化身，被世人所尊敬。

二、法学教育的目标

（一）法学教育与法律教育

在中国现代法学理论中，广义法律指的是法律的整体范围，包括法律文件、具有法律效力的解释，以及由行政机关为执行法律所制定的规范性文件。狭义法律则专指由拥有立法权的国家机关按照立法程序制定的规范性文件。不论是广义还是狭义，法律的核心部分都是关于行为规范的。法律作为行为规范为人们提供了行为准则和标准，同时为社会关系的调整提供了基本框架。法学，全称为法律科学，在西方通常指的是系统化的法律知识和法律学科。从上面的叙述中可以看出，事实上的法律和对法律的研究作为一种学科，即法学，在概念上是有区别的。法学通常需要涉及各法律系统所基于的哲学和伦理学原则。

"法学"和"法律"这两个概念有着明确的区别。法律教育着重于实际应用，解释法律概念术语、评估法律条文的渊源和演变、阐释立法意图和法律原则，即侧重于法律和法规本身以及相关经验的教育。而法学作为一门学科教育，其专业教育具有学术性和职业性的双重特点，同时法学教育应更加注重法律的理论，即法理教育。

(二) 本科法学教育的培养目标

培养目标是教育目的的具体化。如果说教育目的是各级各类教育培养人的总的质量标准和规格要求，那么培养目标就是指不同级别、不同层次、不同类型和不同专业教育的具体目标。

培养目标是指在教育目的的直接制约下的特定形式、特定层次、特定类型的教育所造就的"教育产品"（即人或人才），以及与之相应的规格。培养目标具有多元性，在各级各类学校教育活动中发挥"协调"作用。

本科法学教育的培养目标，以教育目的为直接依据，以中等教育为基础，具有一般教育（人文教育）、学位教育（科学教育、学术教育）和职业准备教育属性的法律科学教育所培养的专门（专业）人才及其规格。

1. 本科教育是高等基础性教育

改革开放以来，我国高等教育不仅在总量上迅速扩大，而且在高等教育体系中，由于研究生培养数量的增加，其层次性也取得了较为充分的分化。早期的高等教育，无论在数量上还是内涵上，都主要是指普通本、专科教育，而在当前，不仅专科、本科、硕士、博士四个层次的界限已非常明确，而且它们各自的培养目标也已经有很大的不同。其中，专科层次正在逐步转化成"高等职业教育"而逐步远离"高级专门人才"的培养目标，本科层次则逐步发展成为高等教育体系中培养"高级专门人才"的基层，成为高等基础性教育。

随着社会经济的发展，本科教育需要向强调"通才""教育""素质教育"和"适应性"方向转变。这种转变的核心要求拓宽本科专业，加强本科教育的基础性。同时，实际中的现代社会、现代企业对高素质、高层次人才的需求，已经从原来的本科生层次转到研究生层次，本科生要真正成为高级专门人才，仍需要经历一个研究生教育过程或继续教育的过程。

"本科教育是高等基础性教育"观念的确立，是在本科教育适应社会经济、科技、文化发展需要的过程中，人们对本科教育性质与特点上所发生变化的基本认识和总结。这种认识和总结对于当前转变本科教育观念、确立本科教育培养目标具有现实指导意义。

2．"通才"与"专才"的结合

社会的发展必然产生并依赖于社会分工，知识体系的分化既是世界教育发展的必然，又是人类认识世界必须采取的认知方式。因此，高等教育中的专业教育无疑具有其存在的合理性依据。而本科教育是高等基础性教育，在基础性教育的培养过程中，注重系统、综合素质的提高，是必不可少的。

许多精深的专业知识放在研究生教育阶段完成，可能更加符合当前高等教育发展的趋势。因此，大学本科教育应该是专业教育与通识教育相结合的教育，而本科教育的培养目标则是"通才"与"专才"的有机结合。也就是说，目前教育界就本科教育所达成的基本共识，归纳起来为"厚基础、宽口径、强能力、高素质"。

思考与练习

1．法的特征可以概括为哪些内容？

2．法律责任是什么？主要有哪些实现方式？

3．法学教育目的包括哪些类型？

第二章　法学教育的主要方法

第一节　法教义学教学法

一、法教义学教学法在法学教育中的重要作用

科学化建设以后的法学和法律具有高度的专业化和体系化内容，需要法教义学帮助学生了解整个法律规范体系，这样才利于法律从业者在司法实践中更好地适用法律。

现代法教义学是建立在法学学科和法律规范的稳定性和体系化基础上的，也就是将生活中的法律现象进行一系列体系化处理后而逐渐形成一个具有逻辑体系的整体。所以，法教义学要求教师在传授法律理论知识时，不仅要讲述法律规则和原则，还要讲述形成脉络和推理方式，从而为司法实践的适用提供直接的指导。

（一）培养检索法律规范的能力

在法学教育的教学中，我们应当将法学理论应用于日常课堂学习，这始于法律法规的检索、查阅和摘要提炼。这一方法将极大地有助于提高法学生对法律法规的检索和查阅能力。法规的检索，结合法规的合理解释和案例分析，是法学方法的重要组成部分。法学方法不仅仅是一种先进的方法论，更是一种侧重于法律实践并逐渐规范化和体系化的法律科学体系。法学方法非常注重使法学生充分了解法规的实际形式，特别强调了获取与具体案例相关的法规信息的方法和技巧。目前，法律学术期刊、著作、电子数据库、指导性案例以及其他媒体都是获取法律信息的重要途径。因此，要将法学方法应用于法学教育的过程中，需要充分利用这些先进的搜索工具，并注重辨别和比较不同渠道获取的法律信息。在教学中，教师还应特别强调对特定法规的检索演示。

（二）培养解释法律规范的能力

根据具体案件事实，准确、快速地检索、定位到与案件事实相符的法条，这一能力对学生是至关重要的。当法学生已经能熟练查阅、检索和具体案件相关的法律规范信息之后，法学教育教学的重心就应该转移到对于法律解释相关方法的培养上。法教义学教学法以一个国家现有的所有法律规范为出发点和前提，在解释的基础上寻求建构更加体系化的法律规范。当我们对某一法律规范进行解释时，需要根据不同情境采用不同的解释方法，并搭配不同的解释技巧进行法律解释。当我们进行解释时，我们首先应该考虑文义解释，这是最接近原意的解释方法；其次再考虑目的解释、体系解释等。在教学过程中，应当对某一具体的法律条文的解释进行现场演示，以此来引导和培养学生在法律实践活动中的解释性思维与能力，这对法治人才的培养，乃至对我国的法治社会和法治中国的建设都具有极其重要的意义。

（三）培养分析案件事实的能力

学习理论知识的最终目标是将这些知识应用于实践中，特别是在法学领域，实践性显得尤为重要。作为法律从业者，我们常常需要处理各种复杂而具体的法律案件。因此，在研究和诠释法律规范的基础上，对案件事实进行适当和合理的分析变得至关重要。法教义学强调，在解释抽象和复杂的法律规范时，要注重与具体案件事实的结合，以培养学生的案件事实分析能力。法律专业人员与一般大众的关键区别之一是他们能够运用法律思维、法律技巧和法律观点来分析案件事实，从而得出合理、正当和可接受的结论。无论是在法规检索、查阅和获取方面，还是在法规解释方面，都离不开具体案件事实。因此，在法律实践中，对具体案件事实的分析至关重要。

虽然法教义学强调法律规范的检索、查阅和解释，但它们并不限于理论层面，更注重实践性。它强调通过具体案件来阐明法律规范的解释内涵。在法学教育过程中，我们应该更加注重引入具体案例，并在课堂上进行示范分析，以得出结论。此外，可以采用讨论式教学方法，以培养学生用法律规范分析案件的兴趣，使他们逐步积累分析技能和方法。由此可见，采用法教义学教学法培养我国法学生检索、定位、解释法规和分析具体案件的能力，将为我国的专业化法学教育以及解决法律规范的抽象性和复杂性与实际司法实践之间的矛盾带来新的解决途径，最终促进我国法学理论界和司法实践部门之间的良性互动。

二、法教义学教学法在法学教育中的应用路径

部门法的法典化是法教义学教学方式的基础。部门法的法典化建设是法教义学教学法在法学教育中适用的其中一种前提支撑。

法典最根本的形式意义之一在于其明确性。法典的明确性能够满足人们的安全需要。建设法典化的法律体系是所有成文法作为唯一或基本渊源的国家的共同目标，许多国家的立法机关和法律工作者一直在为此做出不懈的努力。但是在追求法律体系法典化的同时，也应当看到，社会生活总是在不断发展，已有的法典也需要以单行法规或其他形式不断地补充、修改和完善。所谓法律体系的法典化是就规范性文件系统的基本结构而言的。如果片面强调法典化的意义并使之绝对化，就有可能导致法律体系的停滞、僵化，或者使立法脱离社会生活和法律调整的实际需要。

在立法过程中，法教义学通过描述现行实体法并进行体系化研究，主要是通过法教义学的方法将法律规范化、逻辑化、体系化，形成一个前后协调的法律框架。法教义学推动了现实中的法律实践活动，在立法中可以弥补漏洞、填充空白、缓解冲突、形成一个协调自治的法律体系。

（一）加强培养学生的法律思维能力

法律思维能力的培养，可以充分为学生从事法律职业奠定坚实的理论基础。增强法学生的法律思维能力，可以从教育理念、课程设置以及教学方法三个层面来着手。这三个层面能让法科学生熟悉法律规则的内容与体系，将法条背后的原理与精神内化为自己的思维方式，掌握多种法律方法的运用规则，懂得如何运用与表达法律思维。而法教义学教学法尤其重视法学生法律思维能力的培养，我们可以从以下几方面着手：

1. 完善教学课程设置

（1）持续关注核心理论课程。我们需认真重视法学生的学习，特别是对法理学、宪法、刑法、民法等核心课程的学习，有必要适度增加基础部门法如行政法、刑法、民法、民事诉讼法的学分配比，从而引起法学生的充分重视。这些基础知识在司法实践中应用最为广泛，其中的法理学更是解决新问题和审理复杂案件的方法源泉。

（2）引入法学方法论课程。法学方法是法律从业者进行专业思考的关键工具。在任何领域的学术研究中，方法都是不可或缺的。法学教育尤其应重视方法论问题，因为它将直接影响到法学专业知识的质量。因此，设立专门的法学方法论课程有助于学生全面掌握专业思维方法，同时也能使学生更贴近司法实践。当然，这门课程应首先在研究生阶段引入，以便根据研究生的反馈意见不断改进教学，待课程研究相对成熟后再考虑在本科高年级开设。

（3）推出法学语言课程。法学语言既是法律从业者之间交流的桥梁，也是专业思维的表达方式。为了使法学生掌握法学语言的规则性知识，应该设置法学语言课程，促进法律思维的规范性和理性表达。

2. 更新教学方法

目前，法学教育中大体存在两种教学方法：美国式的案例教学法和德国式的法教义学教学法。案例教学法是在讲授法学知识理论前、讲授中和讲授后穿插一些典型案例以加强学生对法条的理解。而法教义学教学法则是选择讲授一些重点案例以引出较为系统的法学理论知识，这更有利于培养学生的法律思维方式。

（1）改良基础理论知识的讲授方法。基础理论的讲授不应仅停留在知识的表面，应深入分析理论的发展及演进过程，包括理论形成的原因、条件、根植的社会背景等。可结合课堂问答、小组讨论等教学方式，加强师生互动,实现思想的碰撞与交流。

(2)采用模拟法庭训练法等实践性教学方法。模拟法庭训练法通过模拟法庭比赛的方式模拟案件审判过程,学生通过体验不同的职业角色、撰写法律文书等过程,锻炼知识运用、辨析论证等实践能力。目前,模拟法庭训练法已深入教学实践。练习是培育技能的唯一方法,主要包括三个阶段:第一个阶段是给学生练习的机会,让学生独立完成教师交给他的任务;第二个阶段是纠正学生练习时的错误;第三个阶段是学生基于正确的认知反复多次练习,直到自觉地掌握该项技能。概言之,多种教学方法的运用应体现以上思维训练的过程,让学生在练习、纠错、再练习的过程中养成法律思维。

(二)建构系统的法教义学教学体系

法学教育在培养法官和律师的法律思维方面扮演着重要角色。然而,由于缺乏统一的教育体系,法官和律师对同一法条的理解存在差异。因此,为了促进法律思维的一致性,需要建立一个完备的法教义学教学体系。

法律职业共同体是实现法治社会和法治中国建设的重要支柱。这一共同体的共识主要源于对法律知识、法治理念和法治价值的普遍认同。因此,构建法律职业共同体的首要任务是构建共同的法律知识基础。如果没有这种共识,法律职业共同体的建设将面临巨大挑战。法学知识的传授在这一进程中扮演着至关重要的角色。需要强调的是,法学知识并不仅仅是法学家的专属领域,法律职业共同体的每个成员都应积极参与法学知识的产生和传播。因此,法学知识的塑造和提高不仅仅发生在教室内,还应该在广泛的法律实践中得到培养和完善,这一过程需要法官、律师、检察官以及其他法律从业人员的共同参与。

法学知识的学术充实源自法治实践。在处理具体案例时,常常会涉及各种复杂问题,法学知识在解决这些问题时发挥着重要作用。因此,法学知识在应用中的不足之处需要及时反馈给法学研究者和教育者,以确保法学知识的不断积累和完善。法学理论必须经受实践的检验,法律实践问题和解决方法也需要法律科学的审视。这要求建立法学知识和实践之间的积极互动循环,以培养成熟的法律职业共同体。随着法学教育、研究者和实际从业者之间交流与互动的增加,将逐渐形成合作研究法治理论和推动法治实践的生动局面。

第二节 模拟审判教学法

模拟审判,是指为了达到普法宣传、法律专业教学或者司法改革的目的,在假设的法庭上,依据已有或者预设的实体和程序法律规定,由不同的人扮演当事人、法官、检察官、律师和警察等角色,对假设或者现实的案件进行审理和判决的活动。除了人民法院内部司法改革和对外交流学习的模拟审判外,现实法律生活中最常见的模拟审判,还是高等学校法律院系内为进行法律认知、行业训练和法律专业教学的模拟审判。因为直观、生动、严肃、有趣等特点,近年来,模拟审判受到了高校法学专业师生的普遍青睐。

一、模拟审判教学法在法学教育中的作用

(一) 示范——程序操作与实体法律的运用

学生学习法律,首先应学习实体法律知识和程序法律知识等各种法律知识。但法学是一门应用性非常强的社会科学,学生学习法律,其目的之一就在于要能运用法律知识。但法律知识的运用是需要学习和训练的。模拟审判恰好就能提供这样一种训练:在教师的指导下,学习运用实体法律知识分析案情,学习运用程序法律知识操作审判程序,这些都能使学生了解并掌握程序操作和实体法律知识的运用。更重要的是,在法律知识的传授过程中,有些知识如个人经验等是无法用语言进行传授的,这时就需要借助一种学徒式的传授方法。模拟审判就是这样一种学徒式方法:教师手把手地教,学生亲身体验,自然就能学到法律知识运用时的那些难以言传的"奥妙"之处。

(二) 检验——对所学程序与实体法律进行检验

学生是否领会和掌握所学的程序和实体法律知识,当然要通过实践运用才能加以检验。而模拟审判是一种最佳的检验方法。在模拟审判过程中,学生要运用所学的实体法律知识分析案情,要运用证据法的知识调查证据,要选择适用法律,要按照程序法的要求开庭审理等。学生是否能熟练运用学过的知识,学生的运用有无错误之处,等等,教师能很清楚地看出来并加以指正。通过模拟审判,学生就能检验和知晓自己是否领会和掌握了所学的程序和实体法律知识,并对未领会和掌握的知识点和技能进行进一步的学习。

(三) 实践——写作、语言、调查、阅卷等技巧

法律职业的十大核心技能,包括问题解决、法律分析和推理、法学研究、事实调查、交流、咨询、谈判、诉讼和其他纠纷解决程序应用、法律事务组织与管理,以及道德困境的确认和解决技能,对法律从业者无疑是至关重要的,需要认真培养并在实践中不断提升。模拟审判显然是其中提高多项技能,如写作、语言表达、调查和文件审阅等的最合适的方式之一。

在模拟审判中,必不可少的是撰写诉讼文书,如起诉状、答辩状、代理词和判决书等。这个过程本身就是进行实践和提升写作技能的机会。此外,模拟审判要求进行证据和事实的调查,研究案卷材料以了解相关观点,从而能够实践并提高调查和文件审阅的技能。

(四) 培育——法律职业道德与合作精神、人文关怀

模拟审判不是一个人的舞台,而是多人合作的成果。因此,一个人即使再出色,如果他不与其他人有效合作,模拟审判也不会成功举办。所以,模拟审判的举办有助于合作精神的培养。实际上,在模拟审判的举办过程中,一般会出现班级人数较多而模拟审判的角色不可能过多的情况,因而为尽量调动大多数人的积极性,有必要将班级人数按模拟审判角色需要分成审判组、原告及其代理律师组、被告及其代理律师组等。在每个小组内,如何整理争议焦点、调查哪些证据、提出何种代理意见等,都需要经过充分协商、讨论;在每个小组达成一致意见后,需要与其他小组协调进程和基本的准备情况等。这个过程就是一个不断协商、讨论并最后在互谅互让中达成一致的过程。在此过程中,学生逐渐养成以包容的心态审视各类观点的习惯,即便这些观点与他们个人立场相悖。随着时间的推移,他们能够掌握一种能

力,即分辨眼前主张的优点与不足,这些主张既包括他们赞同并认可的,亦包括他们不熟悉或道德上抵触的。在这一过程中,团队合作精神亦得到培养。

二、模拟审判教学法在法学教育中的运用

(一)模拟审判教学法的精心组织

1. 现场观摩审判

现场观摩审判①的作用有两个方面:①有利于学生了解现实的审判活动,对审判工作形成感性认识;②有利于学生创新与思考。学生观摩了真实的审判之后,会主动把自己所学与书本知识进行比较,会发现许多问题或疑惑,对这些问题或疑惑的思考,会促使学生认识司法实践的问题并深化学生对从书本中所学知识的理解,有利于知识的创新。值得注意的是,现场观摩审判的时间可灵活选择,并非要等到模拟审判实施时才进行,在模拟审判之前可根据实情,特别是观摩基地的审判情况合理安排。

2. 认真选取案例

每次案例的选择都应当有针对性地对本次模拟审判实习任务进行特殊考量。这些案例可以包括国内外已经公开的成功案例,也可以包括正在进行诉讼的有争议的案件以及新案件。每个审判小组应当选择不同的案例。比如,在模拟民事审判中,可以选择知识产权、房地产、人身侵权、婚姻财产继承、合同纠纷等各种不同类型的案件。每个小组应当自行提出选择案例的建议,然后由指导教师最终确定。这种做法既有助于激发学生的积极性,又有助于避免重复,使学生在同一次模拟审判实习中有机会接触到不同案例,这些案例可能属于相同的诉讼性质,从而能够相互指正、相互学习。学生不仅可以作为"当事人",还可以作为"旁观者"。在案例选择阶段,指导教师应当提供必要的咨询和指导。此外,可以对选定的案例进行适度的技术处理,如对真实案例中的当事人和法院进行化名处理。选择案例时,应当注意案例

---

① 现场观摩审判是指组织学生到真实的审判现场去旁听人民法院审理真实的案件,这是模拟审判不可缺少的一个环节。

的难易程度，同时确保案例具有典型性，以便更好地展现可辩性。如果案例是由指导教师亲自承办或者从附近法院查阅复印的案卷，应当避免对审判结果产生先入之见。除了按照法定程序进行必要的庭前证据交换外，庭审前，控辩双方的诉讼意见必须相互保密，绝不能"联合办案"或者"未审先定"，以确保公正审判结果能够"自然得出"。

3. 明确角色分工

每次模拟审判在分组后，各小组内部要进行角色分工。每个同学在明确了自己的角色分工后，要学习有关本角色的职业道德、行业规范，尽快进入角色。具体而言，要明确合议庭中审判长的职责范围，根据情况决定是否确立主审法官，其他审判人员到底是审判员，还是人民陪审员。合议庭成员之间要有一个内部分工，要共同学习法官职业道德、法槌的使用规定和法官袍的穿着规定等；担任检察人员的同学，要明确案件审理中检察机关的公诉和法律监督双重任务，内部也要进行分工合作，要共同学习检察官职业道德和检察官着装规定等；担任辩护人或代理人的同学，要明确律师的权利义务和职业道德，如果是公民辩护或代理，要注意与律师辩护或代理的区别；担任当事人的同学，要使自己融入案件的利害关系中去，从当事人的角度来看待和处理问题。承担证人、鉴定人的同学，也要注意自身的诉讼权利和义务，诚实客观地作证或者鉴定。模拟审判的角色分工，要尽其所能地做到每个学生在各次模拟审判中承担不同的角色，这样才能保证每个同学都得到全面的法律训练。不能因某一同学的口才表达欠缺，就使其在每次模拟审判中都担任证人或法警之类的角色。

（二）模拟审判教学法的精心实施

第一，模拟法庭庭审材料的准备。参加模拟审判的学生进行分组和诉讼角色分工后，就应当根据各自的角色准备相应的材料。

第二，送达起诉状副本和举证通知书。模拟审判选定的案例经过指导教师的审查同意后，控（原告）方按照法定程序提交起诉书（状）。承担合议庭成员和书记员的同学要将起诉书（状）副本和举证通知书送达当事人。举证通知书要载明举证责任的分担，举证的时限和逾期举证的法律后果，等等。

第三，进行必要的庭前证据交换。进行必要的庭前证据交换是为了确保当事人能够相互了解其拥有的证据，防止突然的证据提交，从而为开庭审理做好准备。在民事和行政案件的庭前审理过程中，庭审人员有权主持庭前证据交换，以促使诉讼各方相互分享他们所掌握的证据。庭前证据交换程序可以根据当事人的申请进行，特别是在涉及大量或复杂案情的情况下。合议庭应该在答辩期结束之后、正式庭审开始之前组织双方当事人共享证据。具体的证据交换时间可以由当事人经过协商达成一致，或者在合议庭的指导下确定。如果由合议庭组织当事人进行证据交换，那么这一天将被视为证明期限的截止日期。如果当事人被允许延长提供证据的时间，那么证据交换的日期将相应地推迟。如果一方在收到对方的证据后提出反驳并提供新的证据，合议庭应当通知各方在指定的时间内再次进行证据交换。在证据交换过程中，审判人员应记录当事人没有异议的事实和证据，并对有争议的证据进行分类记录，并记录争议的原因。通常情况下，证据交换不会超过两次，但在重大、复杂或特殊情况下，合议庭认为有必要进行额外的证据交换时可以例外。

第四，公告开庭的时间、地点和案由。这种公告可以用海报的形式在校园内张贴，欢迎其他院系的同学参加，尽量做到庭审气氛与真实审判一样。

第五，模拟审判的排练和开庭审理。模拟审判的排练是学生自我熟悉案件和审判程序的重要环节，也是学生自我发现问题的重要过程。学生拿到案例之后，应当根据角色分工积极进入角色，自行排练。排练的地点可以在模拟法庭，也可以在教室。但不管在何处排练，都应按正式场景进行，排练就是正式开庭审理的预演，以便发现问题，对各种庭审程序和角色加深理解。在排练过程中，应当主动邀请指导教师现场指导，发现问题及时予以纠正。排练可多次进行，直到参与者满意合格为止。但这样的排练主要限于模拟审判程序过程，对模拟审判所涉案件的实体部分不过多涉及，特别是不能预先就案件判决达成一致，以避免"未审先判"，从而造成以后的开庭审理只是"走过场"。

开庭审理是正式的模拟审判公开会演，就像人民法院真实审理案件一样，要营造一种使在场的每一个人都感觉到这就是真实开庭的氛围。在模拟审判开庭审理时，可以考虑邀请法官、检察官或律师与教师一起指导模拟法庭，改变以往法律教学和司法实践"两张皮"的做法，使学生真正做到学以致用，理论与实践相结合。

(三) 模拟审判教学法的精心整改

第一，对整个模拟审判过程和结果进行深入讨论和评估。这一讨论和评估可以由指导教师引导学生在模拟法庭活动中进行，也可以在模拟审判结束后，指导教师根据学生提交的实习作业和实习心得，结合各组的实际表现，进行全面讨论和评价。这种做法有助于加强学生对实质法律和程序法的理解，同时提升法学理论水平。参与模拟审判的学生也应撰写综合性总结，记录他们在模拟审判中的经验和感悟，包括审判过程中的成功之处和不足之处，以提高他们的总结和分析能力。

第二，对模拟审判教学材料进行整理和存档。这是模拟法庭软件建设中的一项基本而至关重要的工作。应对每次模拟审判活动后所产生的学生作业和案卷材料，以及教师编写的教学大纲、教学总结分析等资料进行整理、装订成册，并进行妥善存档，以供今后的教学参考之用。

第三节 混合式教学法

一、混合式教学法在法学教育中的价值功能

混合式教学[①]具有不同的价值功能，具体表现如下：

第一，运用新型教学工具，实现数据化教学。将混合式教学模式运用于法学高校教育中，是充分运用智慧教学软件、移动终端和互联网媒介等新型工具，努力提高法学教育水平的新尝试。在法学课程教学中运用此模式，可

---

① 混合式教学，即将在线教学和传统教学的优势结合起来的一种"线上"+"线下"的教学模式。两种教学组织形式的有机结合，可以把学习者的学习由浅入深地引向深度学习。

以记录并反映教学全周期，覆盖"课前—课上—课后"每一个环节，并通过个性化报表的数据结果，使得教与学的效果更加清晰明了。各阶段的自动任务提醒能够实现数据驱动，教师通过移动终端可以在线查看学生的预习、复习情况，及时有效地督促学生按时完成学习任务。

第二，有效延长教学时间，提升授课效率。传统授课模式中，尽管学生也有课前预习、课后复习、完成作业等环节，但都是单方面的，教师参与其中的时间并不多，与学生集体学习的机会也较少。而混合式教学将线上与线下两种教学形式相结合，可以有效延长教学时间。教师和学生可以利用课外时间开展在线学习活动，如讨论、阅读或搜集资料、进行阅读心得的展示、对他人展示提出反馈、在线测验、观看视频等。线上教学活动使得许多与课程相关的教学工作突破了空间限制，不必占用课堂时间。而通过课前的集体线上讨论、阅读，学生在正式上课前已经对教师将要讲授的知识有了总体上的了解和掌握，并可以在线向教师提前反馈疑难问题，这样有助于教师在有限的课堂授课时间内做到详略得当，重点讲解学生反馈的疑难问题，对于一些在线学习时大家都已经普遍理解和掌握的知识点则可简略带过，极大地提高课堂授课效率。

第三，促使教师更新知识，实现教学相长。法学课程教学相比于许多其他学科来说，挑战性更为明显，这与法律时时更新有很大的关系。我国各部门法律的立法（包括制定新法和修订完善已有法律）工作不断推进，司法、执法典型案例也与日俱增，同时，法学理论研究也在飞速发展。因此，法学课程的教育必须紧跟实践与理论新形势，否则将会陷入故步自封、与时代脱节的僵局。混合式教学模式在及时更新知识储备方面对教师提出了更高的要求。在网络信息时代，学生通过线上学习有机会及时接触立法动态和新的司法案例，学习信息资源较之于以往呈几何级增长。如果教师怠于学习、阅读新的理论和专业的相关信息，可能会被学生赶超，无法维持专业性和说服力，这显然不利于树立教师权威。这就促使教师必须及时更新自己的专业知识储备，提高科研创新能力和教学水平，实现教学相长。

第四，适应时代新形势，激发学生学习热情。在面对新时代的学生时，高校教师应及时转换思路，尝试更加新颖的授课方式，激发学生的学习热情。现在有许多智慧教学软件开发者不断对教学软件进行升级更新，教学软件功能日益丰富和完善。学生可以用手机在课上发送弹幕，进行实时讨论、向教师提问和回答问题，非实名方式让一些平时羞于主动发言的学生更敢于表达观点。"投稿"功能使学生在对某个知识点疑惑不解时能通过后台及时向教师递交电子化形式的"小纸条"提问，教师可以选择在课上公开或课后私下解答问题。较之于传统课堂上单一的教师讲授、学生听课来说，这更有利于提高学生的参与感和积极思考的能力。

二、混合式教学法在法学教育中的运用研究

（一）混合式教学法在法学教学中优越性的体现

"混合教学模式是将传统教学方式与网络化、数字化教学方式的优势性结合起来的综合体"①。与传统教学模式比较而言，混合式教学具有许多优势，其优越性主要体现为以下几点：首先，线上线下混合式教学可以打破时空限制，随时随地教，随时随地学，为教师和学生提供最大的学习空间；其次，学生可以利用混合式教学的在线教程反复学习，有助于解决学不懂的问题，可以最大可能地提升学习效果；再次，混合式教学可满足不同学生的个性化学习需求，因"人"施教，学生可以自主安排学习进度，高效利用时间；最后，混合式教学可以锻炼学生的表达能力和思辨能力。除了在课上开展研讨活动之外，还能通过线上小组讨论、课程问答、课程直播等方式多角度培养学生，满足法学学生实践技能的培养需求。

（二）混合式教学法对法学学生培养目标的支撑

法学是一门实践性很强的学科。法科学生的培养目标具体可以细化为知识目标、能力目标和德育目标三项内容。教师既要加强捕获、选择、获取、处理和使用现代信息的能力，还必须关注技术本身的转变，使用技术为教育和教学提供服务。混合式教学可通过案例教学、网络教学、多媒体教学、微

---

① 邹小琴. 混合式教学法在法学教学中的运用研究 [J]. 法制博览，2020（2）：223.

课视频等一系列教学方法的改革和创新，保证良好的教学效果，实现法学学生的培养目标。

第一，混合式教学法有助于法学教育知识目标的实现。通过课程的教学，学生可掌握法学的基本概念、基本原理、基本知识和基本理论体系；熟悉中国法律制度和相关司法解释的主要内容；了解法学理论发展的新动向，使法学理论知识成为自己知识结构的重要组成部分。在进行混合式教学之前，学生大多已经通过课堂学习掌握了基本的课程内容，已经具有了一定的法学基础。因此，他们开始对专业的发展有进一步的思考，具有强烈的专业理论学习的意向，学习兴趣浓厚。教师借助线上教学工具，不但可以提高学生的学习积极性，而且可以丰富课堂教学模式，提高学生学习效率。

第二，混合式教学法有助于法学教育能力目标的实现。"实践性"是整个法学教育应有的基本精神和风格，实践是法学教育的最终归宿，学生最终要走入实践。通过混合式教学，组织学生进行大量的讨论、辩论、反转课堂等活动，可明显促进学生作为"法律人"所必备的基本素质和能力的形成和发展。

第三，混合式教学法有助于法学教育德育目标的实现。通过混合式教学，学生能够树立起正确的法学伦理观，在今后的工作和生活中能够用法律来调整自己的行为，用道德来约束内心，维护社会秩序的公平公正与和谐稳定。

（三）在法学教学中开展混合式教学的设计要求

随着在线开放课程的建设和"互联网＋教育"时代的到来，传统的教育思想、教学观念、教学方法等都面临着根本性的变革。在法学教学中运用混合式教学方法，需要重新审视教学内容，做好任务分配和学时分配，灵活安排教学方式和教学手段。具体设计要求如下：

1. 课内外学习任务分配合理

学生的线上学习和教师的线下课堂应以课程章节设置的课时为对接点，使学生的学习和教师的教学相互对应，共同推进课程内容任务的完成。混合式学习是一种高效的教学模式，但在具体实施运用时，不能完全背离传统的教学模式。要既贴近传统教育，实现基本教学目标，又要想办法加强学与练的关系，更好地达成学习目标。应将学生的线上学习和教师的线下课堂密切联系起来，两者均需围绕每一课时的教学内容来设计。因此，法学课程在教学中将面对面的传统授课方式与科技介入下的网络在线方式相结合。再根据各个学校的人才培养方向和具体的教学要求，以及课程内容的繁简程度制定合宜的学时，最后在课程学时的基础之上进行线上学时的详细分配。此外，混合式教学还要针对不同的教学内容合理选择进行线上教学，还是进行线下教学，做好线上和线下学习时间的合理分配。其中线上观看视频的时间、进行章节练习的时间、参加讨论的频次、线上点名签到的频次等都可以作为平时打分的依据。

2. 课前教学视频紧凑合理

在混合式教学中，课前在线学习以视频为主要素材，因此视频的录制对于学生的自学结果至关重要。为了使学生注意力更为专注，视频的长短要合宜。线上学习的环境更加需要学生的专注力，过长的视频学习则会导致学习疲劳，导致学习兴趣的丧失，也影响学习效果的提升。所以，单次课程涉及的知识点宜少不宜多，形式上要尽量生动活泼。此外，微视频的内容选择也非常重要，需要做好内容的选择和取舍。首先，是微视频内容"取"的问题。这既要考虑到本门课程重点问题的学习时间，也要保证难点问题的学习时间。此外，社会热点问题和公众关注的民生问题也是课程的重要讲授内容。其次，是内容"舍"的问题。对于那些相对简单的知识点和非核心内容，可以引导学生以自学的方式进行学习。为方便学生自学上述内容，可以以资料或者作业的方式进行布置，与教学目标无关的资料和内容都应当进行删减。基于以上原因，教师们在充分论证的基础上，可以打破传统的单一教材中心模式。在基础知识体系之上，以具体知识点为教学核心，结合多本教材进行比较学习，制定个性化教学资料，并加入社会中大家普遍关注的法学领域中的热点问题，根据课程知识体系及重难点设计出适合本门法学课程的视频。

3. 自主学习任务单设计合宜

任务单设计的目的主要是引导学生自主预习，引导学生能发现问题，并带着问题进行视频的观看。与传统课堂的教学和学习模式相比较而言，学习任务单有助于实现分层学习。教师通过学习任务单将本门课程的简单知识点从课堂教学中分化出去，让学生在课外自学掌握，保证将有限的课堂时间集中于难点和重点知识的传授解析。自主学习任务单的优势有三点：一是自主学习任务单保证了重难点内容有充足的讲授时间，让学生可以真正地学透重难点知识；二是自主学习任务单可以培养学生的自主学习能力，这种模式能够综合训练学生的理解能力、资料收集整理能力等；三是自主学习任务单可以帮助学主克服惰性，充分利用课余时间进行专业课程的学习。

在传统教学中，教师是课程学习的绝对中心。而混合式教学将所讲授课程内容进行合理分层后，弱化了教师在课程学习中的作用，将原本由教师讲授的那些简单知识分化出来，让学生课下自学、理解和掌握。为了达到这一效果，提高学生自主学习的能力，教师可以在平台上设计一些问题，事先为微视频讲解的内容量身定制一些小测试并实时解答。在视频观看的过程中，学生只有全部答对才能继续学习下一章或下一节的内容。教师还可以在课后设置一些与自学内容相关的讨论题，引导学生自主学习，并观察学生的学习状态，考查学生的自学效果。最后，及时分析总结学习效果，并与学生建立有效的沟通方式，将学习情况反馈给学生。纠正学生自学过程中不正确的学习方法，解决学生自主学习中存在的问题。让学生带着问题观看微视频学习知识点并在视频中寻找答案，这可以极大地提高学习效果。此外，还可以通过自主学习任务单引导学生预习和复习，将预习和复习定量化和定时化，提升预习和复习的效果。

4. 问题反馈机制设计有针对性

为了解混合式学习的教学效果，教师要及时通过在线学习平台的"问卷"功能对所开设课程进行调查。一方面，教师可以通过问卷调查了解学生的学习需求。与学生交流后，教师需要反思原有课程设计的合理性，及时修改课程设计，重新确定课程的讲授方法、重难点问题等。另一方面，法学课程的实践性非常强，法学问题的解决往往需要依靠人的价值判断和逻辑判断。同样一个案件，由于价值观和思维模式的不同，可能会有不同的见解和处理意见。

5. 课堂学习活动设计丰富

混合式教学的课堂学习是知识的内化阶段。在课上，教师要从知识的单向传授者化身为学习的引导者。在混合式课堂上，学生已经通过课下自主学习观看了在线视频或资料，所以，教师要做的就是引导学生在课堂上对自学过程中遇到的问题进行辨析和思考。法学具有实践性和综合性，在法学课堂上，引导学生分析问题和解决问题是教师的重要任务之一。具体而言，教师可以采取理论讲授、案例分析、角色模拟、情景教学等丰富多样的教学方式来组织线下教学，培养学生分析问题和解决司法实践问题的能力。课堂最后，教师还可以通过布置练习题和作业来巩固法学理论知识。丰富的课堂学习方式可以激发学生的批判性思维和创造性思维，促进生生合作、师生合作，使学生将法学知识内化。此外，混合式教学模式还需要有丰富多样的课堂组织方式。其中，小组任务可以加强学生的学习合作性，锻炼学生集体解决问题的能力。小组辩论可以锻炼学生的思辨能力、临场发挥能力和突发事件处理能力。学习软件中的抢答功能和摇一摇的选人方式不仅可以活跃课堂气氛，提高学生的学习兴趣，为后续的讨论奠定基础，还可以提升学生分析处理问题的观察力和专注力。因此，课堂学习活动的设计要丰富多彩。

6. 课外作业设计具有多样性

作业可以帮助法学学生提高学习应用能力，实现学习效果。同时，课外作业也是混合式教学非常重要的一个环节。课外作业通过在线学习平台进行发布，包括巩固强化练习、相关案例讨论、在线测试等内容。作业形式可以多样化，除了传统的主客观题之外，可以围绕本门课程的内容灵活布置调查报告、个性采访、直播视频制作等作业。同时，为了提高学习效果，教师可以设置答疑解惑的板块，鼓励学生将不懂的问题及时发布到平台上，教师将在48小时内予以解答回复。多样化的课外作业不仅可以帮助学生巩固课程中的专业问题，还可以引导学生树立正确的法学伦理观和职业道德观。

7. 辅助学习资源建设丰富

混合式教学模式更为个性化和人性化，教师可以结合自己的教学经验，根据课程需要建立丰富的辅助教学资料体系。将与法学相关的实务案例、法律法规、视频资料、论文资料、裁判文书等内容上传至学习平台，建立考试题库和资源库，学生可以在线学习，也可以将资料下载至手机或电脑离线学习。充分开发利用在线学习平台上的"笔记""分组""签到""测验""讨论""问卷""论坛""活动""资源"等功能，还要注意资源的针对性，根据点击率了解学生感兴趣的热点。同时建立混合式课程的微信交流群，使学生多角度地及时沟通分享学习经验，并根据信息反馈不断加强线上课程建设和线上线下相结合的教学设计，让课程规划更加合理。

8. 评价考核方式灵活

混合式教学与传统教学模式的不同还体现在对学生学习效果的考评考核方面。传统教学考核大多具有机械性，一考定性，缺乏过程评价，不够灵活。而混合式教学可以为学生提供多样性和过程性的考核，客观上更具有公平公正性。教师可以通过线上平台数据所体现的学生的学习态度、学习习惯确定平时成绩。此外，平时成绩还应该尽可能地考虑到学生在教学各个环节中的表现。将学生学习平台的视频观看情况、学习任务点完成情况、学生在实体课堂上的表现、出勤签到率、作业完成度等纳入评价范围，以便充分调动学生在各个学习环节中的积极性。

思考与练习

1. 法教义学教学法在法学教育中有哪些作用？
2. 模拟审判教学法的精心组织主要有哪些内容？
3. 法学教学中开展混合式教学的设计有哪些要求？

第三章　法学教育的理论实践

第一节　民法及其理论实践

一、民法的理论认知

民法是一个部门法，民法的概念实际上是指作为部门法的民法的概念。在实际的法律制度中鲜有对部门法的概念进行描述的。即使是从一些特别法的角度考察，在特别法中也没有给该特别法下一个明确的定义，而通常只是指明了其调整对象而已。

（一）民法的相关概念

1. 民法与民法典

法典是按照一定的体例将某一部门法的各项制度编纂在一起形成的体系严密、内容完整的法律文件。民法典就是将民法的各项制度按照一定的体例编纂在一起形成的体系严密、内容完整的法律文件。民法典在体例上有两种形式：一是罗马式，罗马式的民法典将民法分为人法、物法和诉讼法。《法国民法典》分为人法、财产法和财产取得的方法三编，实际上就是采取该立法体例；二是德国式，《德国民法典》将民法的内容分为总则、物权、债权、亲属和继承五编进行编排。民法是民事法律规范的总称，其范围大于民法典。目前在我国已经颁布《中华人民共和国民法典》。

2. 民法与民法学

民法学是以民法为研究对象的一门学问。民法与民法学的关系主要表现

在以下几方面:

(1) 民法是部门法,是民法学的研究对象。民法是调整平等主体的自然人、法人和其他组织之间的财产关系和人身关系的法律规范的总称,是部门法上的概念,是民法学最主要的研究对象。当然,民法学的研究对象除了具体的民事法律制度以外,还包括民法的历史、民法思想、民事习惯等。

(2) 民法偏重具体的制度规范,而民法学主要是理论研究。民法是法律规范的总称,其本身属于制度的范畴。作为制度的民法,其基本的规范中就包含行为模式和法律后果。作为授权的行为模式,其法律后果就是保护当事人的民事行为;作为禁止的行为模式,其法律后果就是制裁。但是,在民法中也存在一些不属于具体制度的内容,如附则等。相对于民事法律制度的整体而言,不属于具体制度规范的内容是少数。

(3) 作为民事法律制度的民法具有普遍的适用性。由于我国是单一制的社会主义国家,民事法律制度原则上,在整个中国领域之内都具有普遍的适用性,只有少数民族自治区域可以根据授权制定适合本民族、本区域的民事法律制度,允许适当变通。

(4) 民法学研究的目的在于促进民事法律制度的完善。法学研究的最高境界在于,将法学研究的成果转化成具体的法律制度,而不仅仅是为了提出一种观点。民法学家通过对民法的研究,根据民法的平等、自治、公平的思想设计出相应的制度,或者改进现有制度的不足,这才是民法学研究的目的。

(二) 民法的内在特性

既然民法是调整平等主体之间的财产关系和人身关系的法律,其调整的方法必须反映出当事人双方法律地位的平等,反映出民法的一些内在特性的要求。

1. 民法的任意性

民法的任意性调整是指民事法律制度的实施与否,主要是由民事主体自己的意志决定的,而不是由法律本身强制实行,或者说由国家的强制力实行。这里的任意性是指民事主体自己的任意性。而与任意性相对应的强制性,是指国家的强制性,即通过强制的方法实现国家意志,实现法律制度的实施。在法律的实施过程中,法律关系主体的意志基本上没有意义。

2. 民法的指导性

民法的任意性规定是很重要的。虽然民法的规定多数是任意性的，但是民法仍然是规范社会生活的最重要的法律之一，不可或缺。这是因为民法还具有指导性作用。指导性主要体现在民事法律规范制定的、以对当事人民事行为指导为目的的规定，主要表现在民事法律规范对社会关系的调整是指导性的，可以说是对当事人的建议。比如，合同法中规定的合同主要条款就是指导性的规定。因为一般的社会主体并不是法学专家，对于如何订合同并不清楚。根据合同法中规定的主要条款，当事人将其写完整了，一份比较完备的合同即可成立。这就是法律的指导性的体现。民法的这种指导性调整与其任意性调整的根本区别在于，任意性是从民事法律制度的实施来看的，而指导性是从其内容上来看的。

3. 民法的规范性

民法的主要特性为规范性。其对当事人之间的权利义务关系进行规范，首要原则是尊重当事人之间的意愿。在民事法律制度中，鉴于当事人法律地位平等，且他们之间的权利义务通常仅对自身产生影响，因此，将权利义务的分配交由当事人自行处理，强调平等协商，以实现意思表示的真实性。若当事人在构建民事法律关系时，意思表示存在不真实的情况，如受欺诈、胁迫等，法律应提供保护，赋予意思表示不真实的一方当事人撤销权或变更权。当当事人之间因权利义务分配产生纠纷，无法通过协商解决时，民事法律便成为当事人提出请求权的法律依据，其适用具有强制性。

（三）民法的调整对象

法律存在的意义在于规范社会生活，法律对社会生活的规范实际上是通过对人的行为的规范来实现的，但是法律所规范的只是社会生活中的一部分。属于法律规范的这一部分社会生活就属于法的调整对象。所谓法的调整对象，就是法律所规范的社会关系。任何一个部门法或具体的法律规范失去了其调整对象，就失去了存在的基础。因此，具有独立的调整对象是任何一个部门法存在的基础之一。民法的调整对象就是平等主体之间的财产关系和人身关系。

1. 财产关系

财产关系是指人们在产品的生产、分配、交换和消费过程中形成的具有经济内容的关系。民法所调整的财产关系包括以下两个方面：

（1）财产的归属和利用关系，即物权关系。其中的归属关系主要是指财产的所有权关系，利用关系主要是指用益物权关系。

（2）财产流转关系，即债权关系，主要是合同关系。通常财产归属关系是财产流转关系的起点，也是财产流转关系的终点。任何人要处分某一项财产，其必须要有处分权，否则无权处分。处分财产这一动态的过程，通常就是财产流转合同。财产不可能永远处于流转中，否则其使用价值就不能发挥出来。在其流转结束后，就又归属于一个新的主体，此时要么是一个新的所有权关系的产生，要么是产生了用益物权从而使财产的流转一时停止。

2. 人身关系

人身关系是指没有直接经济内容而且与人的身体不可分离的社会关系。由于人身关系的客体没有直接的经济内容，因此其无法用金钱定价，对人身权的侵害就只能是给予合理的赔偿和抚慰。

人身关系可以分人格关系和身份关系。人格关系是基于民事主体的人格利益而产生的社会关系，人格利益包括生命、健康、名誉、隐私等利益。身份关系是指基于一定的身份而产生的社会关系，如父母基于其身份享有的对未成年子女的监护权、作品的创作人基于其创作人的身份对作品享有的署名权等。

（四）民法的重要性

我国现在的民事法律制度体系中，除人格权法外，已经比较成熟，特别是财产法方面。由于已经制定了合同法和物权法，财产法的内容比较完备。从我国目前社会主义市场经济法治建设的情况来看，作为社会主义市场经济法律体系之核心的民法还落后于市场经济发展的要求，落后于它的子法——商法的发展。在传统的商法中，公司法、票据法、海商法、破产法和担保法是必需的、基本的组成部分，这些法律在我国早已制定完毕，有的甚至经过了几次修改，日益走向完善。

法不是统治阶级主观意志的产物，而是由客观的经济基础最终决定的。

我国社会的经济基础已经发生了巨大的变化,由过去的计划经济体制过渡到市场经济体制,如果不制定一部建立在市场经济体制基础之上的民法典,法律这个上层建筑必将对经济的发展起阻碍作用。从我国的实际情况来看,制定一部民法典是完全可行的。

第一,我国的法学研究已经相当成熟。改革开放后,我国的法学研究得到了极大发展,尤其是民法学研究发展最为迅速。我国不仅涌现出一大批民商法学家,而且民商法学的研究成果丰硕。在百花齐放、百家争鸣的学术环境下,各种民法专著、论文层出不穷,基本理论日趋一致,日益完善。

第二,各民事特别法律基本齐备。在财产法方面,比较完善的合同、物权、知识产权法已经制定;在人身权法方面,婚姻、继承法等已实施多年;在商法方面,公司法、票据法、担保法、海商法、证券法等基本成形;在民事责任立法方面,侵权责任法已颁布实施。而且,我国立法的科学性已获得极大提高。因此,我们从我国的实际情况出发,吸取外国民事立法的有益经验,统一规定和协调各项民事制度及其相互关系,制定出一部符合我国实际情况、适应社会主义市场经济发展要求的民法典是完全可以做到的。

(五)民法的适用

1. 民法渊源

法的渊源是指法律的效力来源,指其是由什么国家机关制定并以什么形式表现出来。民法的渊源也就是指民法的效力来源,是指民事法律规范借以表现的形式。不同的国家机关制定的民事法律规范其表现形式不同。我国民法的渊源主要由以下形式的制度构成:

(1)宪法。宪法是一国的根本大法,是国家的总章程。根据立法权限,宪法只能由全国人民代表大会制定,具有最高的法律效力。宪法是我国其他一切法律制定的渊源,其他法律制度只是对宪法内容的具体化和明确化。在我国宪法中规定的财产所有制的形式、对私人权利的保护性要求等规定,都构成民法的渊源。但宪法不能够成为司法审判的依据,而且宪法中的规定过于原则,其作为规范的条文的逻辑构成并不完全,即不完全具体行为模式和法律后果的结构。在没有法律后果的情况下,对义务人违反义务的行为的处罚也缺乏依据。因此，为了维护民事主体的合法权益，必须要对宪法中有关民事权利与义务的规定进行明确，从而形成了民事法律制度。

（2）民事法律。民事法律是指由全国人民代表大会及其常务委员会制定的、调整民事法律关系的法律文件，是我国民事法律制度中最主要的组成部分，是规范民事生活的最主要的法律规范。在整个民事法律规范体系中，其效力仅次于宪法。

（3）司法解释。司法解释是指最高人民法院对民事法律制度的内在含义进行的系统性阐述。由于中国的文字本身可能存在歧义，也可能是由于立法时的认识已经不能适用发展了的社会现实，也可能是由于人们对法律制度的含义存在不同的认识，为了法律适用的统一需要司法解释。最高人民法院对民事法律制度作出的司法解释很多，包括关于担保法、公司法、保险法等方面的解释。我国的司法解释只能由最高人民法院作出，在司法审判中也具有约束力。所有这些对民事法律制度的司法解释均构成民法的重要渊源。

（4）行政法规。行政法规是调整平等主体之间的财产关系和人身关系的法规，构成民事法律制度的组成部分，其效力仅次于宪法和民事法律。

（5）行政规章。行政规章是指国务院下属各职能部门制定的规范性法律文件。由于行政规章的效力层级较低，其在司法审判中通常只是参考依据。如果行政规章与法律、行政法规或者司法解释相冲突时，就不能作为司法审判的依据。

（6）地方性民事规范。地方性民事规范是指地方各级人民代表大会、地方各级人民政府、民族自治区的自治机关在宪法、法律规定的权限内所制定、发布的决议、命令、地方性法规、自治条例、单行条例中有关民事的法律规范。地方性民事法律规范只在本区域内生效，但是不能与处于上位的宪法、法律、行政法规等相冲突。

（7）国家认可的民事习惯。单纯的习惯是一种事实，并不可能成为人们行为的准则；而国家认可的习惯则成为一种制度，是人们行为的准则，是习惯法。所谓的习惯法，是惯行社会生活规范，依社会中心力，承认其为法的规范的不成文法也。在理论上人们将法分为两类：制定法和非制定法，其非制定法包括习惯法、法理和判例。在我国，非制定法极少有成为民事法律的渊源的。

2. 民法解释

法律之所以需要解释，是因为文字本身存在多义性，在不同的环境下，同样的语言可能包含不同的内在含义。对于一般的生活而言，不同的理解可能不会产生严重的后果。但是对于法律而言，如果对其内含的理解不统一，就可能产生法律适用效果上的不同，就可能产生法律面前的不平等。因此，为了法律适用的需要，为了实现法律适用上的公平性，需要对某些特定的法律用语和法律条文进行解释。法律解释的任务在于探求法律意旨，而这个意旨即追求正义在人类共同生活上的体现。

法律解释具有自己特有的对象，是指针对成文法所作的解释，是解释主体对法律文本进行理解和说明的活动。民法的解释属于众多法律解释中的一部分，是对民事法律条文的内涵进行的阐述和说明。民法解释的内涵包括：①民法的解释对象是民事法律规范；②民法解释的目的在于明确民事法律规范用语的内涵，以实现法律适用中的平等，彰显法律的公平与正义；③民法解释的主体只能是法律适用的最高司法机关。

民法解释并不是简单的活动，而是基于深厚的法学知识和公平正义观念，运用科学的方法对民事法律规范内在含义进行阐释的学问，涉及解释主体、解释对象、解释方法和解释效力等一系列内容。因此，民法的解释又称为民法解释学。

3. 民法效力

法的效力是指法的约束力，即法在哪些时间、在哪些地点、对哪些人有约束力。民法的效力也是指这三个方面。

（1）时间效力。民法的时间效力是指民法在哪些时间内有约束力，包括两层含义：一是什么时间生效；二是什么时间失效。在一般情况下，民法在其实施之日生效，到国家明文宣布废止之日失效。其实施之日通常是在法律中载明，而其被废止之日则由国家视社会的需要而定，通常不能在法律中事先预定。

（2）空间效力。空间效力是指民法在哪些地域范围内生效。民法的空间效力与特定民事法律制度的制定主体有密切关系。一般而言，由全国人民代表大会及其常务委员会、国务院及其各职能部门制定的民事法律以及最高人民法院作出的司法解释在全国领域内具有约束力，即在我国的领土、领海、领空及根据国际法规定的主权延伸的部分均具有约束力。由地方人民代表大会和地方人民政府制定的民事法律制度，仅仅在制定机关管辖范围内有约束力。

（3）对人的效力。民法对人的效力是指民法对哪些人有约束力。民法对人的约束力主要表现在：①对处于中国境内的民事主体均具有法律效力，不管其是自然人、法人还是不具有法人资格的组织；②对于处于中国境内的外国民事主体，原则上也有约束力。

（六）民法的体系

法的体系是指法的内容按照一定规律结合在一起而形成的有机整体。民法的体系就是民法的内容按照一定规律结合在一起形成的有机整体。对民法体系的理解，应当包含以下内容：一是，民法的体系是由民法的内容构成的，非民法的内容就不能成为民法体系中的一部分；二是，民法的内容是按照一定的规律进行排列的；三是，民法体系中所包含的内容在一起排列形成的是有机的整体，就像是有生命一样，对整个社会的民事生活进行规范，从而保证民事秩序的稳定。

民法体系的形成有一个较长的过程。换言之，民法的演进过程就是民法日益体系化的过程。从古罗马法开始，一直到法国民法典的制定，近现代民法的体系基本确立。虽然德国民法典中的一般民事制度的安排体例与法国民法典有所不同，但是主要的内容还是大同小异。由于我国还没有制定民法典，对于民法体系的认识还主要基于现有的民事特别法总结归纳后所形成的理论认识。从我国现有的民事特别法律制度来看，民法体系主要包括以下内容：

1. 主体制度

在法律关系中，主体是第一位的。主体是权利的享有者，是义务的承担者，权利只有归于特定的主体，权利才有意义。民法是权利法，这实际上反映出民法是以人为本的法律，是以主体为本的法律。

民法中的主体制度主要包括两部分：一是自然人主体制度；二是组织体主体制度。民法中的主体制度：对自然人部分，主要规定了其民事权利能力、民事行为能力、宣告失踪和宣告死亡制度、监护制度、自然人的法定代理人制度等；对于组织体主体而言，在民法中主要规定了法人制度、其他组织体制度。具体的规定以公司法、破产法、合伙企业法、自然人独资企业法等特别法进行规范。作为市场经济的基本法律部门，民事法律关系中的主体在商品交换中法律地位平等，其合法权益平等地受民法保护。

2. 物权制度

物权是权利人对物进行支配并享受其利益的排他性权利。物权是支配权，由权利人自己单方的意志即可实现，而不需要义务人的配合。相对于合同债而言，物权也是债权的起点，又是债权的终点。只有享受有物权的人，才可以通过合同的方式对权利进行处分；受让人通过合同这种法律行为取得物权后，物权就从原来权利人手中转移到受让人手中，从而取得一时的静止，即物权（有处分权）—转让（合同）—物权（设立）。

物权所规范的包括物的归属和对物的利用的权利。物的归属制度就是所有权制度，包括所有权的类型、所有权的内容、所有权的效力、所有权的客体以及所有权的保护等内容。物的利用制度主要是他物权制度。在我国的物权法中包括用益物权和担保物权。用益物权包括土地承包经营权、建设用地使用权、宅基地使用权、地役权等；担保物权包括抵押权、质权和留置权等。

3. 人格权制度

在民事法律制度中，主体是第一要素。不管是自然人主体还是组织类主体，都是权利的享有者和义务的承担者。除了对组织体本身的构成条件有法律规定外，法律所规范的是主体的行为。换言之，离开了主体，再论什么法律制度、权利和义务等都没有什么意义。对自然人民事主体而言，人格权制度有存在的必要性。人格权制度一是关系到自然人的生存，基本人格权如生命权、健康权等是保证一个自然人存在的基础；二是关系到自然人的尊严，如名誉权、荣誉权等，这是其作为一个社会人的基础之一。因此，在民事法律制度中应当将人身权单独列刖，对其中的内容尤其是人格权的内容进行明确规定，强化对人格权的保护。

4. 债和合同制度

债是根据法律的规定或者约定，一方当事人应当向对方履行的给付。合同是平等主体的自然人、法人和其他组织之间设立、变更、终止民事权利义务关系的协议。根据债产生的原因，债可以分为法定之债和约定之债。根据法律的规定应当产生的给付之债包括侵权之债、不当得利之债和无因管理之债等。由于约定而产生的债即为合同之债。

在民法中，物权和债权都属于财产权的内容，这在合同之债中表现得最为明显。合同制度是直接规范交易行为的，合同的一般规则是规范交易过程、维护交易秩序的基本规则，而各类合同制度也是保护正常交换的具体规则。合同制度是市场经济中最基本的法律制度之一，对于维护交易安全、保护当事人的权利有重要意义。

5. 知识产权制度

虽然知识产权与一般的民事权利存在一些差异，如在权利的客体、权利的内容等方面有其特殊性，但是知识产权仍然是一种民事权利，其本质属性是财产权利和人身权利的结合。在我国的现行立法中，是将知识产权作为民事权利的一部分进行规定的。因而，知识产权是一项民事权利，在制定民法典时也应当将知识产权法律制度包括在内。

6. 侵权责任制度

虽然民法中也有很多义务性的规定，但是民法却被称为权利法，这说明民法是非常重视民事权利的。在民法中规定了人格权、物权、债权、知识产权等权利。但是规定民事主体享有哪些民事权利只是法律的理想状态，是应然的状态，而不是实然的情况。于是侵权责任法应运而生。任何对人身权、财产权和知识产权的侵害都将构成侵权。

侵权责任法是保障民事权利的法律，其主要内容包括责任构成和责任方式、不承担责任和减轻责任的情形、关于责任主体的特殊规定、产品责任、机动车交通事故责任、医疗损害责任、环境污染责任、高度危险责任、饲养动物损害责任和物件损害责任等。

7. 财产继承制度

财产继承制度，是保障自然人死亡后其继承人继承其生前所有的财产性权利的法律制度。从继承权的客体来看，包括被继承人生前享有所有权的动产和不动产，也包括其生前所享有的债权和所负担的债务。从继承制度的本质上看，财产继承权只不过是继承人取得财产的一种方法，从被继承人的角度来看，是其财产所有权在死后的延伸。因此，从财产所有权的角度观察，财产继承制度是民法的重要组成部分。

虽然继承是财产权利的延伸，但是根据法律的规定，享有财产继承权的人与被继承人之间通常具有一定身份的关系，如夫妻关系、父母与子女关系等。由于其身份上的特殊性，导致了继承产生的财产流转区别于一般的民事主体之间基于买卖、赠与等法律行为产生的财产流转。

民法体系中，除了上述构成民法体系的民事特别法律制度以外，还有民法中的总则部分，包括民事法律行为的一般性规定、代理制度、诉讼时效制度等，它们也都是民法体系中的重要组成部分。

二、民法的基本原则与诉讼时效

（一）民法的基本原则

1. 民法基本原则的重要意义

民法基本原则是贯穿民法始终的民法根本准则，是对作为民法主要调整对象的商品关系的本质、规律，以及立法者在民事领域所行政策的集中反映，是克服法律局限性的工具。

自从价值法学明确地指出法律概念具有储存价值的功能以来，法学家和法律实务家发现法律规定后面的隐藏价值，所谓整个法秩序（或其大部分）都受特定指导性法律思想、原则或一般价值标准的支配。这种储存于法律规定中的价值准则，称为法律原则或法的伦理性原则。它是法律规范指示方向的标准，依凭其固有的信服力可以使法律规定与法律理念之间的意义相关联。

法律原则表示法律规定的价值，而不是法律规定本身，不直接涵涉案件事实，必须被法律规定的价值或法条承载。法律原则不一定由法条直接宣示,部分法律原则明白地规定于宪法或其他法律中,有些则可以从法律规定中借助"整体类推"或回归法律理由的办法推求出来。

法律原则作为法律中的价值或实际的法律思想,是法理念在历史发展阶段的特殊表现,并借助立法和司法不断具体化。法律原则的具体化有不同的阶段,其中,越是高层次的法律原则,越是一般的法律思想,越具有更高的地位。

2. 民法基本原则的特征分析

立法技术是指为使法律更好地实现其目的,而在立法过程中所采取的技巧和方法。出于立法技术的考虑,在一部民法中,不可能所有法律条文都是民法规范。适当地做些规范性的规定,可以更好地表达立法意图并使民法规范的适用获得基本指导。从立法技术角度考察,民法基本原则具有以下特征:

(1) 民法基本原则是非规范性规定。民法的非规范性规定又称为专门化的规定,它分为以下几种情况:

第一,一般性规定,其用处在于把被调整的社会关系的要素以概括的形式固定下来。

第二,原则性规定,又称为宣言性规定,其功能在于表述法律的原则和任务。

第三,定义性规范,其功能在于界定某一法律范畴的确切含义,如对"不可抗力"加以定义。专门性规定还包括业务性规定和冲突性规定,前者的作用表现为废除现行的规范性条文,或把一定的规范推广适用于新的社会关系,延长规范的期限等;后者是指明在一定情况下应当适用的规范。

专门性规定并非产生法律关系的独立根据,它只有补充的性质,必须与其他民法规范结合起来才能发挥法律调整的作用。一般性、原则性和定义性的规定在民法中的出现,标志着立法者对民法的各种规定进行了高度概括,是立法技术发达的结果,因此可将它们称之为概括性的规定。概括性规定构成民法总则的重要内容,而总则在一个法律部门的出现是该部门法趋于成熟的标志。总则自始至终适用于全部民法的各项规定,没有总则,就不可能出现具有贯彻始终的民法基本原则。

(2) 民法基本原则是不确定性规定,即模糊性规定。不确定性规定并不对权利义务各方的行为模式和保证手段的内容和要件作十分确定、详尽的规定，而是运用模糊概念，授予司法机关以自由裁量、考虑具体情况解决问题的权力。

根据不确定性程度的不同，可将不确定性规定分为弱式不确定规定和强式不确定规定。法律规定是以法律概念加各种限制词、连接词和判断词为材料建筑起来的。因此，法律规定的确定与否，决定于作为其构成材料的概念和限制词的确定与否。由于限制词的不确定造成的不确定规定，可称之为弱式的不确定规定；对由于法律概念的不确定性造成的不确定规定，可称之为强式的不确定规定。前者授予法官以弱式自由裁量权；后者授予法官以强式自由裁量权。民法基本原则是强式不确定规定。强式不确定规定的不确定性来自它所构成的法律概念的模糊性。所谓模糊性，是指人们认识中关于对象类属边界和性态的不确定性。

民法基本原则的强式不确定规定来自它所使用的许多法律概念的模糊性。民法中可以发现的模糊概念包括：平等、公平、社会公德、诚实信用、社会公共利益。这些概念具有很大的歧义性，兼具日常用语、法律、哲学等多方面的含义。对模糊的法律概念界定为：一个概念本身可能存在多种理解，而立法者出于某种考虑未对其以法律规定或立法解释的方式，确定其权威性含义的概念。

立法是一种复杂的人文系统，是以未来为时间序列的认识活动。其处理的对象是一些具有不可重复性的历史个体，因此它们之间的关系就并非线性的、单义的自然因果关系，而是一种由多种原因决定的多元因果关系。因此，人文系统具有极大的复杂性，对其要求完全确定化，实际上抹杀了自然系统和人文系统的区别。另外，立法的面向未来性，使立法者必须为一个动态的对象制定规则，这无疑是一件极为困难的事。当他们以现有的时空环境为参照系的规则制定出来后，时空环境已经发生变化。

作为不确定规定的民法基本原则的模糊性兼具被动和主动的性质。从被动方面看，立法者对非法行为和合法行为、恶意与善意这两者之间的无限中项无法完全认识，并反映为立法条文的肯定或否定；从主动方面看，民法基本原则，又是立法者能动地对模糊认识对象加以规制的结果。正因为模糊认识对象难以把握，立法者干脆放弃对之加以精确把握的徒然努力，而只在立法中设置几条相对明晰的界限和弹性的规则。

（3）民法基本原则是衡平性规定。英国法中的衡平法是作为对普通法的严苛性，即当法律不能根据具体情况具体适用、要牺牲个别正义进行补救的措施出现的。衡平法基于这样的一种思想方式：将既有的法律规范看作是有缺陷的，必须确立效力更高的另外一种法律规范，在既有法律规范出现缺陷时对其进行补正。这就是衡平法的实质。

衡平法是当法律的一般规定与具体事实不相宜时，授权法官背离法律的字面规定，而根据法律的目的进行判决的规定。衡平法的存在是为了解决法律目的与法律的具体适用效果之间的矛盾。在一部民法中存在许多规定，但并非一切规定都处在相同的地位。有些规定如民法基本原则，反映了立法的根本目的，而其他规定不过是落实法律目的之手段。民法基本原则成为凌驾于具体民法规定之上的判决根据，排除具体规定而得到适用。这个过程便是衡平，作为衡平依据的民法基本原则便是衡平法。因此，民法基本原则是衡平性规定。

（4）民法基本原则是强行性规定。所谓民法中的强行性规定是指不能由当事人自由选择，而必须无条件地遵循相关规定。强行性规定体现了社会的根本价值，对这些价值的不尊重或破坏将危害该社会赖以存在的根基。因此，强行性规定的强行性来自其负载价值的根本性。就如任意性规定这种当事人的自由选择性，来自它所负载价值的非根本性。换言之，当事人对它们是否遵循，不影响社会根本价值的维护。但物极必反，如果一切方面都听任当事人自由行事，社会秩序难免陷入混乱，因此民法中也有强行性规定。

（5）民法基本原则是强制补充性规定。民法对社会关系的调整是通过民事法律关系的中介来完成的。民事法律关系将民法有关规定的内容在当事人之间的关系中加以具体化，变成当事人在具体事项上的具体权利和义务。民事法律关系的圆满完成，便是民法对社会关系调整作用的完成。因此，民事法律关系的内容如何，对民法能否完成对社会关系的调整至关重要。民事法律关系中须遵守法律的默示性条款，是其接受民法的补充性规定的根据。具有补充性规定是民法独具的特征，各种典型性合同规定详尽的权利义务分配方案为当事人提供这样的模式。当事人的特别约定就某些必要内容缺乏规定而呈现残缺时，民法就能提供补充性规定进行修补，这是事前调整的一种方法。比如，当事人就价金、质量、交付时间、交付地点未作约定，便适用民法中的相应补充性规定。换言之，在当事人就上述问题无约定时，便推定其以民法中就这些问题的补充性规定为法律关系的模式条款。民法通过这种方式，尽量维持交易关系的稳定与顺利运转，不致因法律关系出现残缺就废止这些法律关系。

除了这类被动、具体的补充条款外，还存在主动、抽象的补充条款，这便是民法的基本原则。民法基本原则对法律关系的补充是主动的。其他补充性规定只是在当事人就有关问题无约定时才被补充到法律关系中去，成为其当然内容；而民法基本原则不论当事人有无特别约定，其有关部分都当然成为每一法律关系的补充内容。民法基本原则对法律关系内容的补充同样由其所负载的价值的根本性所决定，每一法律关系都必须遵循民法基本原则，否则无效。

因此，各个民事法律关系均须遵循相关民法基本原则，将其视为当然之义。民法基本原则所具备的强制补充性质，彰显了国家干预的立场。从而，民法基本原则作为当事人行为准则的功能，通过融入法律关系内容的方式得以落实。因此，有悖于民法基本原则的民事法律关系无效，并非该法律关系违背了存在于其外部的民法基本原则，而是违背了存在于其内部的以有关民法基本原则为内容的补充条款。以内部的途径规制民事关系，自然比由外部的途径，来做这种规制更为直接和有效。

民法基本原则对法律关系的补充是抽象的，它们并不为当事人提供特定事项上权利义务的分配方案，而是以一个抽象的标准，即在维护既有根本价值的前提下更好地实现权利义务的分配，来决定当事人权利义务关系的方案。当事人在难以预料事项上的权利义务分配概由此决定。正如当事人难以预料法律关系运行中，各种可能发生的情况并预先为之设定权利义务的分配方案一样，立法者也难以作出这种预料并提供周全的具体补充规定。因此，抽象的补充性规定即民法基本原则便应运而生。抽象的补充性规定之出现，意味着立法者放弃了在自己难以预料的事项上为当事人提供具体的补充规定的努力，而以抽象补充规定的方式，授权法官在具体情形下根据立法的一般精神将其具体化为具体的补充规定。因此，民法基本原则的抽象性补充规定还意味着授予了法官对法律关系当事人未予约定的事项运用自由裁量权提供补充性规定的权力。

3. 民法基本原则的功能阐释

与其他法律的结构成分只负载法律的一两项价值不同，民法基本原则差不多是法律的所有价值的负载者。它对法律各种价值的承载通过两个方向进行：第一，以其自身的模糊形式负载法律的灵活、简短、安全价值；第二，通过它对其他法律的结构成分运行的干预实现法律的正义价值，并实现其整合功能。

（1）以自身模糊形式实现法律价值

第一，利用其模糊性起着保障法律灵活性的作用。法律始终落后于现实，它只能无限接近，却无法超越现实。所有法律往往只能被看作是需由人发挥主观能动性和由解释者补充完成的未完成作品，是必须由人操作的机器而不是自行运转不息的永动机，法律的外延由此成为开放性的。法官可根据社会生活发展的需要，通过解释基本原则，把经济、政治、哲学方面的新要求补充到法律中去，以使法律能与时俱进，实现法律的灵活价值。

第二，以模糊性实现法律的简短价值。所谓简短价值，是指立法者在立法中考虑到基本原则的模糊性，能使法律具有外延开放性的特点，可使法官将社会生活中的发展变化的客观规则，源源不断地输入法典之中成为形式法的规则。如此，制定法律规定时就不必极为详密。而模糊性规定出现于立法，必使法律条文的数目减少。

第三，基本原则以另一种方式保障着法律的安全价值。模糊性是对法律明确性的牺牲，人的因素的引入即意味着危险的增加。20世纪之前的民法典都是以穷尽各种具体行为效果的方式，来加强法律的可预测性从而保证行为安全的。而20世纪后设立了基本原则的法典则一改之前事无巨细地列举，而是陈述法典对一切行为价值态度的方式，来保证法律的可预测性。

我国的民法基本原则列举了立法者在民事领域所追求的全部价值。因此，如果把法律的安定性理解为法律的可预测性的话，20世纪之前的民法典所追求的是事实的可预测性，我国民法则追求的是价值的可预测性。根据当事人按照民法基本原则所提出的价值要求，不难判断一个具体事实能为法律接受与否，这种实现法律的可预见性的转变或许是一个进步，它至少更能满足一个变革中的社会对法律的要求。但是，这种效果的实现以基本原则不被滥用为前提，为此应加强司法程序方面的保障手段。

由于法律基本原则具有实现法律与时俱进的进化功能，法律不必经常修改而保持相对稳定，实现渐变式的、生长式的发展，保证了法律的确定性。这是基本原则实现法律之安定性价值的另一手段。

（2）对其他法律进行干预实现价值

基本原则依据其衡平性，通过对法律的其他结构成分运行的干预，来实现法律的个别正义价值。当具体法律规范在特殊情况下的适用违背法律的根本目的时，它授权法官根据其要求，对具体法律规范加以变通适用，以求得个别正义的实现。各个法律规范只有在基本原则统帅下，才能正常发挥其功能。由于规范的繁多、组成规范的法条在排列组合上存在多种可能，规范所涉事务的复杂万端。若无体现法律正义目的的基本原则的监督协调，规范可能被违反目的地适用。而法律结构中功能模式的各构成成分必须相互一致，彼此不矛盾。一旦发生各构成成分之间的矛盾，便属于体系违反，必须予以消除。

从静态看，法律规范的体系违反包括规范矛盾和价值判断矛盾这两种情形。对于这两种体系违反情况，法官必须根据民法基本原则，通过衡平或解释活动予以消除，这只是基本原则整合功能对法律规范运行的作用形式。对其他法律结构成分的作用形式还有：对任何一个法律概念都可作扩张或限缩两种解释，采用何种解释形式及如何解释取决于民法基本原则的要求；法条排列组合的多种形式隐藏着玩弄法律从而滥用法律的危险。因为对同一个法律事实，以不同的方式组合法条形成的法律规范，实行得到的法律效果将不尽相同。因此，法条必须按照基本原则的价值要求加以组合，以保证法条和体系的适用。对不确定性法律规范的确定化，必须根据基本原则的要求进行。基本原则对全部法律规范、法律概念、法条运行所起的上述整合作用，将又使这些结构成分组成的法典成为有机的系统而具有整体性。

4. 民法基本原则与法律规范的差异

与民法基本原则相类似的法律现象是民法规范。民法规范具体规定了民事权利和民事义务，以及相应的具体法律后果。换言之，它是对一个事实状态赋予一种确定的具体后果的各种指示和规定，其逻辑结构分为行为模式和保证手段两个部分。

民法规范的行为模式部分旨在指导人们的行为，确定人们行为的可能空间、表达和反映立法者的意志和愿望。保证手段部分由假定行为和法律后果两部分构成，假定行为指法律关系主体的可能性行为选择；法律后果指立法者对法律关系主体行为选择的裁决和处理。民法规范的保证手段部分旨在督促人们依照法律所规定的行为模式行事，体现和反映国家强制力。行为模式和保证手段是民法规范不可或缺的两个部分，行为模式体现着民法规范的目的，保证手段表示法律特有的调整方法。民法规范和民法基本原则具有以下区别：

（1）民法基本原则对民事活动当事人提出的要求，如平等自愿、公平、等价有偿、诚实信用等，虽然具有一定的指导意义，但较为抽象，对于民事活动当事人而言，实际操作性较弱。

（2）民法基本原则没有保证手段部分，它的法律强制性是通过民法规范。民法基本原则是以抽象的强制性补充规定的形式内化为民事法律关系的默示条款，由法官行使自由裁量权。根据立法的一般精神，将其具体化为补充规定，并选择相应的制裁或奖励措施，以实现民法基本原则的法律强制性。

（3）从功能上说，民法规范兼具行为规范和审判规范的功能。立法机关制定民法规范的目的，在于要求人们根据它们行为或不行为。但民法具有强制性，如果行为规范所预示的法律效果不能在审判中加以贯彻，则民法规范将失去命令或诱导人们进行行动、以实现一定秩序的实际功能。只有将行为规范同时作为审判规范，通过审判体现行为规范的强制性，才可避免这一不利结果。因此，民法规范既是行为规范，又是审判规范。而民法基本原则虽具有行为准则作用，但多数情况下，只有在民法规范对具体的生活事实缺乏规定时，才发挥行为准则的作用。

（4）民法基本原则具有立法准则的功能，但一般民法规范却没有。我国采用多层次的立法体制，在基本法之下设特别法。在这种立法位阶体系中，下位阶的立法不得与上位阶的立法相抵触。基本法对下位阶的民事特别法有统摄作用，后者不得与前者相违背。在民事特别法与基本法相抵触时，民法基本原则是进行判断的重要标准。因此，民法基本原则是低位阶民事立法的立法准则，具有对后者的价值监督作用。这种功能又是民法规范不具有的。

（5）就规制内容而言，民法基本原则与民法规范也存在区别。前者是关于民法目的的法律，后者是维持目的的法律；前者为准则法，后者为技术法，起确保准则法实现的作用。

5. 民法基本原则的法律适用问题

民法的基本原则是民法的最上位的法律原则，所以它根本不区分构成要件及法律效果，即使被法条明确宣示，也不能直接适用于裁判个案。对于民法基本原则和较上位的那些原则来说，其必须具体化后才能直接使用。借助下位原则进一步具体化，它在具有可以涵摄案件事实的规则特质后才可以获得具体实现。当民法的基本原则具体化为可以直接适用的规则时，它实际上是找到了承载它的可适用的法条形式。在这里，可以被适用的是作为法条的法律本身，而不是作为法律理曰的民法基本原则本身。

不过，在直接适用具体化了的法律规定时，保证其解释符合民法基本原则和法律理念非常重要，因为民法的基本原则是法律的价值所在。被适用的固然是具体法条，但是这个法条的内涵是以一定的价值为基础的。在适用具体规定时离不开基本原则的运用，即以基本原则作为法律解释准则，确保民法秩序价值的统一性和贯彻性，否则法律的客观目的便不能达成。

因此，民法基本原则在法律适用中，被用于客观解释准则，具有解释和协调功能。其本身不能直接作为判决的依据，但是可以被当作解释规则运用，即结合其他具体法条一并适用。在许多原则间彼此矛盾的情况下，下位的原则应该受到更上位原则的协调；当最高层原则发生矛盾时，则应相互协调、互为让步，最终取决于个别原则在这个原则构成的体系中价值如何。

民法基本原则除了作为解释基础之外，许多国家承认其授权为法律补充的作用。在法律有漏洞或者存在法律的续造必要时，法官可援引原则条款通过具体化过程创制具体规范，进行法律补充。

我国法律实务界目前对于民法基本原则的具体适用问题与世界多数国家不同。我国最高人民法院甚至以公报的形式，肯定直接引用民法基本原则的个别条款单独作为个案裁判依据。民法的基本原则条款根本不具备构成要件和法律效果的法律规定形式，不得单独作为判决依据，而适合于作为解释准则，应结合更具体的法律规定一并运用，或者根据法律补充准则，以法律原则为基础提出更具体的补充规定。

6. 我国确立的民法基本原则

（1）法律人格平等原则。法律人格平等原则，指在民事活动中，一切当事人法律地位平等，任何一方不得把自己的意志强加给对方。法律人格平等原则最集中地反映了民法所调整的社会关系的本质特征，是民法区别于其他部门法的主要标志，也是市场经济条件下对合同关系当事人的法律要求。法律人格平等原则的含义是，参加民事活动的当事人，无论是自然人或法人，无论其所有制性质，无论其经济实力强弱，其在法律上的地位一律平等，任何一方不得把自己的意志强加给对方，同时法律也对双方提供平等的法律保护。须特别注意的是，法律人格平等原则所要求的平等，并非指经济地位上的平等或经济实力的平等，而是"法律地位"的平等，以免滋生疑义。此法律地位平等是对民事活动当事人的基本要求，贯彻民事活动之始终。

第一，平等与特权。平等乃全人类所追求的永恒的价值，是特权的对立物。最早的平等观念产生在古希腊。公元前5世纪的希腊政治家伯里克利在雅典阵亡将士国葬典礼上的演讲中，第一次响亮地提出了"在公民私权方面，人人平等"的口号。伯里克利的平等观念是构成民法产生发展的前提。在中世纪的封建社会，农奴制下的人身关系为依附性的，不存在主体之间的平等，民法随之衰退。发展到了资本主义社会，随着新兴资产阶级的兴起，资本主义的生产方式对平等提出了更高的要求。启蒙资产阶级思想家提出了"人生而平等"的主张。这一点在法国表现得尤其典型。法国资产阶级取得了革命胜利后，便在人权和公民权利宣言中提出了公民在法律面前人人平等的原则。

第二，平等与身份。平等是身份的对立物。"身份"一词包括以下两种含义：

一是，身份指现代民法中的身份权的发生依据，它是家庭成员之间的关系，在古代曾具有不平等性。家父对家庭成员享有支配性的家父权。随着家庭规模的缩小，后演化为同样性质的仅针对子女的父权。丈夫曾对妻子享有支配性的夫权。随着社会的进步，父权已由单纯的权利演变为既包括权利又包括义务的亲权，而夫权被废除。因此，现代民法中的身份关系已是一种平等关系，仍加以保留。

二是，身份是一个人或团体相较于其他人或团体被置放的有利的或不利的状态。每人的身份原则上不是他自己选择的，而是由他人安排的。对于一个身份受到不利安排的人来说，他的处境由他出生时的处境所决定，无法加以改变。在这种制度下，生为王子者即终身为王子，生为贫儿者即终身为贫儿，社会等级壁垒森严，不可逾越。无论出生时境况不佳的人如何有能力，社会都不为他提供改变其处境的渠道。因此，身份社会就是机会不平等的社会，身份是特权的依托，机会只对社会的特权阶层开放。这是一种非常消极的体制。

在人法中提到的一切形式的身份在古代都属于家族所有的权力和特权，并且在某种程度上，到现在仍旧带有这种色彩。因此，我们依照最优秀的著者的用法，用"身份"这个名词来仅仅表示一些人格状态。可以说，所有进步社会的运动，到此为止，都是一个"从身份到契约的运动"。契约即意味着当事人在平等基础上的自由选择，人们可以通过契约利用一切向社会成员开放的机会获得自身的发展。因此，契约就意味着机会均等，就是人人有权自主选择，就是人们从各种身份关系中解放出来。契约制度因而成为现代社会的基石。

第三，两种平等观。两种平等观指的是：实体的平等观和程序的平等观。实体平等观认为，不论人的天赋、才能、机遇如何，通过民事活动产生的结果应该是均等的。程序的平等观认为只要向人们提供了同等的机会，便做到了平等。换言之，平等只是机会的平等。至于人们从事民事活动得到的结果如何，那是由人们的天赋、才能、机遇所决定的事情，应该允许存在差别。市民社会的平等观应该是程序的平等观，我国民法中的平等原则应根据市民社会的要求加以解释。

(2) 意思自治原则。意思自治原则的基础主要包括以下内容：

第一，意思自治原则是对人的意志自由本质的尊重。自由意志是民事主体的本质，没有自由意志的人不能成为民事主体，而是无民事行为能力人。自由意味着责任，即一个具有自由意志的人应能认识并承担自己行为的后果。自由与责任的这种联系隐含着行为能力的概念，而行为能力的概念又隐含着理性人的假设。换言之，被法律赋予行为能力的人都是具有理性的。相反，他们被假定为自己利益的最佳判断者，能够利用自己和他人的能力和知识作出有利于自己的判断，享受自己行为带来的利益，同时承担自己行为的风险。适合民事主体所处分者，一为自己的人身，二为自己的财产。对这两者的处分是其意志自由的表现形式，是其人的本质的实现。否定意思自治，无疑就是把已被法律赋予行为能力的民事主体当作儿童和精神病人，使行为能力形同虚设，这是对人的极大贬低。

第二，意思自治原则是对立法者认识能力之局限性的承认。立法是一项认识活动，如果立法者能运用自己的认识能力，为不可胜数的民事主体的利益作出全面、综合的立法，则为幸事。但人类的历史已经反复地告诉我们，因立法中认识能力的非至上性和民事活动的无限复杂性的矛盾，立法者不可能制定出全知全能的立法。如果一定要制定这样的立法，只能允许民事主体在许多方面自行决定自己的行为，由他们分散决策以适应社会生活的复杂情况。由于他们决策的所涉范围较小，在这一范围内，其认识能力的局限性将得到缓和，因而作出的决策更加符合现实。尽管每个这样的个人决策者的决策都是根据追求自己的利益的原则进行的，但其结果是促进了社会财富的增长，最终将给社会带来福利。因此，意思自治原则是允许以民事主体的认识能力、知识和经验弥补立法者在这些方面的不足，把全社会的、总的决策分解为许多小的决策的。意思自治原则因而建立在不可知论的基础上，正犹如民主和自由都建立在不可知论的基础之上。如果承认了全知全能的立法者的存在，意思自治原则就不存在了。根据这一原则，我国民法上的主体可自主安排私法事务，在不违反强行法的情况下可以依自己的意愿安排私法关系。自愿原则在合同法领域表现为合同自由原则。

（3）公平原则。公平原则，指法律行为内容的确定，应当遵循公平的原则。由当事人一方或第三方确定法律行为内容时，其只有符合公平原则才得对他方当事人发生效力。

首先，民事活动应当遵循公平的原则；其次，当事人应当遵循公平原则确定各方的权利和义务。

民法公平原则，主要是针对合同关系而提出的要求，是当事人缔结合同关系，尤其是确定合同内容时所应遵循的指导性原则。现代民法设立公平原则的目的是在市场交易的合同关系中兼顾双方的利益，并为诚实信用原则、情事变更原则、显失公平规则树立判断基础。民事活动应当遵循公平原则。"民事活动"一语文义过宽，既包括合同的订立也包括合同的履行。因此，公平原则的实质是要求合同当事人之间在利害关系上大体平衡，着重针对合同订立时权利义务的确定，至于合同的履行等则主要受诚信原则支配。

（4）诚实信用原则。诚实信用原则，简称诚信原则，这一原则主张，所有法律关系均应根据具体情况进行正义和平衡的调整，以达到具体社会适用的恰当性。法律关系的内容及其实现方法，因当事人具体情况的不同而有差异。法律和契约难以对所有情况预先作出规定或约定，因此，在利益相对立的当事人之间，基于自私动机，利用对方弱点以谋求自身利益的现象难以避免。在这种情况下，诚信原则要求我们摒弃形式主义的机械判断，站在立法者的立场，依据道义平衡原则来决定当事人之间的关系。

诚实信用原则为市场经济活动中的道德准则。市场经济条件下，每一个有劳动能力的人都应当通过市场交换获取利益和生活资料。第一种方式是用已有的金钱去牟利，如投资办厂、经营商业、炒卖股票、期货、房地产；第二种方式是用自己的技术、知识换取工资报酬；第三种方式是用自己的体力劳动换取工资报酬。依靠这三种方式获取利益，就叫诚实信用，是正当的、合法的，应受法律保护。法律绝不允许靠损害他人利益和社会利益获得自身利益。诚实信用原则，要求一切市场参加者符合诚实商人和诚实劳动者的道德标准，在不损害他人利益和社会公益的前提下追求自己的利益，其目的是在当事人之间的利益关系和当事人与社会之间的利益关系中实现平衡，并维持市场道德秩序。

诚实信用原则性质上属于一般条款，其实质在于，当出现立法时未预见的新情况、新问题时，法院可依诚实信用原则行使公平裁量权，直接调整当事人之间的权利义务关系。这是现代民法重要的指导原则。鉴于"民事活动"含义过宽，应采限缩解释，解释为"行使权利、履行义务"应遵循诚信原则。因此，当事人行使权利、履行义务时应当遵循诚实信用原则。

（5）公序良俗原则。所谓公序良俗原则，指法律行为的内容及目的不得违反公共秩序或善良风俗。公序良俗，是指维持社会生活应遵守的一般规范。以公序良俗观念对法律行为内容进行约束被视为理所当然，此观念自罗马法时期即已确立，并为法德民法及其他近现代民法所明确规定。在过去，这一观念仅作为对契约自由原则的例外限制，然而在近现代，它已被认为是支配私法全领域的大范围原则。在此范围内，不仅契约自由，还包括权利的行使和义务的履行，方被视为合法合规。

民事活动应当尊重社会公德，不得损害社会公共利益。违反社会公共利益的民事行为无效。当事人订立、履行合同，应当尊重社会公德，不得扰乱社会经济秩序，损害社会公共利益。

公序良俗是现代民法实行的一项重要的基本原则。在现代市场经济条件下，它有维护国家利益、社会公共利益及一般道德观念的功能。因为立法当时不可能预见一切损害国家利益、社会公益和道德秩序的行为，并作出详尽的禁止性规定，所以应设立公序良俗原则，以弥补禁止性规定的不足。公序良俗原则性质上为授权型规定，目的在于，遇有损害国家利益、社会公益和社会道德秩序的行为、而又缺乏相应的禁止性法律规定时，法院可直接适用公序良俗原则判决该行为无效。中国现行法所谓"社会公共利益"及"社会公德"在性质和作用上与公序良俗原则相当，"社会公共利益"相当于"公共秩序"，"社会公德"相当于"善良风俗"。但考虑到"社会公共利益"和

"社会公德"并非法律规范用语,应改采用通用法律概念。

(6)绿色原则。民事主体从事民事活动,应当有利于节约资源、保护生态环境。本条作为一项民法基本原则,符合当今时代的要求。此项基本原则可以简称"绿色原则"。

绿色原则是民事主体从事民事活动、生产活动和消费活动的行为准则。它是民法典侵权责任编规定、追究环境侵权行为的民事责任的法理基础和立法根据。由于我国自然环境受到破坏,空气、水、土壤遭受污染等问题的存在,本法要求一切民事主体在从事民事活动时均应遵循绿色原则,这具有极为重大的现实意义。一般认为,绿色原则作为一项民法基本原则,其功能与价值包括以下内容:

第一,立法准则功能,民法基本原则是各项民法制度和民法规范的基础和来源。既有的民事单行法在法典化过程中要重新受到绿色原则的审视。

第二,绿色原则的行为准则功能赋予其规范效力,是作为上位原则覆盖于民法所有活动的原则。

(二)民法的诉讼时效

诉讼时效是指权利人在法定期间内不行使权利,即丧失请求司法机关依诉讼程序强制义务人履行义务、保护其民事权利的法律制度。规定诉讼时效制度的意义就在于督促权利人及时行使权利,若怠于行使便要承担不利的法律后果,从而使权利义务关系尽快确定化。

1. 诉讼时效的特征分析

(1)诉讼时效期满将消灭胜诉权,而不消灭实体权利。当权利人的权利受到侵害后,权利人未在权利行使的有效期间内积极行使其请求权,对自己的权利持放任态度,法律不再给予保护,但权利人基于民事法律关系所享有的民事权利仍然存在。比如,债务到期时,债权人始终未主张权利且已过诉讼时效,债权人不能请求司法机关依诉讼程序强制义务人履行义务;但债务人如自愿履行义务,债权人仍有权受领。

(2)权利人不行使权利的状态必须是持续的。权利人的权利受到侵害后,其连续地、不间断地怠于行使请求权至法定期限。如还钱期限已到,债务人未主动履行还钱义务，而债权人也未积极要求债务人履行还钱义务超过 2 年。

（3）诉讼时效为可变期间，属于强制性规定。在符合法定条件的情况下，诉讼时效可以适用中止、中断及延长制度，但必须按照国家法律规定适用，当事人之间不得进行协商，擅自约定均属无效。

2. 诉讼时效的类型划分

根据时效的长短和适用范围的不同，可以将时效分为普通诉讼时效、特殊诉讼时效与最长诉讼时效。

（1）普通诉讼时效。普通诉讼时效又称一般诉讼时效，是指在一般情况下普遍适用的诉讼时效。它是针对一般民事法律关系加以规定和适用的时效。若无特别规定，所有的民事法律关系皆适用普通诉讼时效，普通诉讼时效期间为 2 年。

（2）特殊诉讼时效。特殊诉讼时效，指适用于某些特定的民事法律关系的诉讼时效。特别诉讼时效适用的效力优先于普通诉讼时效。根据法律规定，特殊诉讼时效又有以下两种不同的情况：第一，短期诉讼时效。诉讼时效期间不足 2 年的为短期诉讼时效。诉讼时效期间为 1 年的情况包括：①身体受到伤害要求赔偿的；②出售质量不合格的商品未声明的；③延付或者拒付租金的；④寄存财物被丢失或者损毁的。第二，长期诉讼时效。长期诉讼时效指介于短期诉讼时效和最长诉讼时效之间，即在 2 年至 20 年之间的为长期诉讼时效。

（3）最长诉讼时效。最长诉讼时效，是指对特殊情况下的民事权利予以保护的最长时效。从权利被侵害之日起超过 20 年的，人民法院不予保护。有特殊情况的，人民法院可以延长诉讼时效期间。20 年时效的规定是针对那些不知道或者不应当知道其权利被侵害的权利人做出的。需要注意的是，权利保护的 20 年也不是绝对的，遇有特殊情况的，人民法院可视情况做出延长诉讼时效期间的规定，这说明 20 年非不变期间。

3. 诉讼时效的计算分析

（1）诉讼时效的开始。诉讼时效的开始是指开始计算法律规定的有效期

第三章 法学教育的理论实践

间的时间点。诉讼时效从权利人知道或者应当知道权利被侵害时起算。一般诉讼时效和特殊诉讼时效期间都从知道或应当知道权利被侵害之日起算。针对最长保护时效，如无特殊情况，只要从侵犯行为发生之日即权利被侵害之日起超过20年的，不再受法律保护。

（2）诉讼时效的中止。在诉讼时效最后的6个月内，因不可抗力或者其他障碍，不能行使请求权的，诉讼时效中止。从中止时效原因消除之日起，诉讼时效期间要继续计算。

第一，诉讼时效中止的法定事由。诉讼时效中止的法定事由为：①不可抗力，不可抗力是不能预见、不能避免和不能克服的客观情况；②其他障碍，是指除不可抗力之外，足以使权利人不能行使请求权的客观情况。如权利人欠缺行为能力，又没有法定代理人或法定代理人死亡或者丧失行为能力；权利人死亡，而继承人或遗产管理人尚未确定等。

第二，诉讼时效中止的时间。中止的法定事由必须存在或发生于时效期间的最后6个月内。

第三，诉讼时效中止的法律后果。诉讼时效期间暂时停止计算，等中止原因消除后，诉讼时效期间继续计算，此时已经经过的时效仍然有效。具体计算方法就是在最后6个月里耽误多长时间就再多算多长时间。

第四，诉讼时效中止的适用范围。既可适用于普通诉讼时效期间，也可适用特殊诉讼时效期间。

（3）诉讼时效的中断。诉讼时效的中断是指在诉讼时效期间内，因法定事由的出现致使已经进行的诉讼时效期间全部归于无效，诉讼时效期间重新计算。

第一，诉讼时效中断的法定事由，主要包括：①提起诉讼。向人民法院提起诉讼是行使权利最强有力的方式。提起诉讼应作扩张性解释，包括权利人具有同样性质的其他行为，如向仲裁委员会提出仲裁申请，向人民调解委员会请求调解等。②同意履行义务。义务人向权利人承认自己负有义务，并表示愿意履行义务的行为。③权利人主张权利。权利人作出要求义务人履行义务的意思表示，权利人也可向义务人的保证人、代理人或财产代管人作出意思表示，其效力是一样的，都能打破权利人不行使权利的状态。

第二，中断的法定时间。需中断的法定事由应当发生在诉讼时效期间内。

第三，诉讼时效中断的法律后果。发生诉讼时效中断时，已经经过的诉讼时效全归无效，重新开始计算诉讼时效期间。

第四，中断的适用范围。既可适用于普通诉讼时效期间，也可适用特殊诉讼时效期间。

（4）诉讼时效的延长。诉讼时效延长是指基于权利人正当的理由，法院同意对已届满的诉讼时效期间给予延长。诉讼时效延长的条件：①诉讼时效已满；②权利人在诉讼时效期间内未行使权利有正当理由；③是否延长时效期间由法院根据实际情况合理决定。

三、民法教育及其与精神培养的实践

（一）民法教育的重要意义

1. 民法素养是社会人才综合素质的必然要求

伴随着科学技术和信息化迅速发展而出现的社会结构变革，社会分工在专业化和细致化的同时体现出了一定的综合性。这种综合性首先表现在对社会参与者的能力需求方面。复合型、跨领域的生产和交易行为必然需要综合素质强的人才，同时社会形态和结构的多元和多样性更需要人们具有多样的技能和素养。民法素养即是人们综合素质的重要方面。在法治社会中，社会参与者的行为离不开法律，更离不开囊括社会生活方方面面和行为的民法。懂民法、用民法是社会主体对社会发展的适应和回馈，同时也是法治深入人心的必然表现。肩负培养社会主义合格建设者的高等教育，应当积极彰显民法素养在人才综合素质中的重要价值。

2. 民法在思政教育与德育中的功能无可替代

各高校的思想政治教育从课程体系到教学体系均已相对比较完善成熟。但是，在现有教育课程结构条件下，没有完整的法律通识教育课程设置，法治教育本身被依附于思想政治教育。即使在不突破现有设置结构的

条件下，民法亦应当在教育中占有一席之地。一方面，民法本身属于国家意识形态成就与形式的一部分，可以纳入思想政治教育范畴之内；另一方面，国家对于高校人才德智体美全面发展的素质要求，必然需要民法充实学生素养。

民法本身的原则和价值追求自然与思想政治教育相契合。

（1）在世界民法史上，我国首次将"社会主义核心价值观"写入民法，成为创举。以倡导富强、民主、文明、和谐，自由、平等、公正、法治，爱国、敬业、诚信、友善为内容的社会主义核心价值观是国家强盛、民族进步、文明成长的精神支撑。高校思想政治教育要以培育和弘扬社会主义核心价值观，引导学生做社会主义核心价值观的坚定信仰者、积极传播者、模范践行者为使命。"社会主义核心价值观"这一基本原则本身就契合和反映了我国社会发展的文明与成就。

（2）诚信、公序良俗等民法基本原则完全契合国家和社会道德价值追求，同时也是民法本身的价值追求。民法的价值倡导与思想政治教育契合，应当赋予民法在高校法治教育中特殊的作用与地位。

3. 民法对社会关系与行为规范具有中枢作用

民法调整着广泛而丰富的平等主体的财产关系和人身关系，涵涉社会生活的方方面面，是市场经济的基本法、市民生活的基本行为准则。在整个私法关系中具有基础及中枢的作用，任何社会参与者都不可能脱离民法规则而行动。权利的行使、义务的履行，都需要基本的民法知识来支撑人们的行为选择。因此，高校应当承担教育学生懂民法并用民法的使命。

4. 民法是国家法治建设的重要支撑

全面推进依法治国，就是要注重发挥法治在国家治理和社会管理中的重要作用，维护国家法制的尊严、权威，保证人民依法享有广泛的权利和自由。法治教育作为依法治国的重要环节和组成部分，必然要顺应于依法治国战略的实施。民法作为国家法律体系的重中之重，不仅是国家法治完善的构成体，更是社会成员依法用法的规则体。将民法知识内容嵌入学生综合素养教育过程，是法治教育和助力国家法治建设的需要。

（二）民法教育理念与精神培养的实践

1. 民法教育理念与精神培养的具体原则

（1）创新原则。我国社会在发展的过程中，随着社会矛盾的不断加深，法律体系得到了较好的完善。其中民族民法结构以及理论得到了较好的创新与发展。所以在高校中，在对民法教学理念，以及民法精神培养的过程中，遵循创新原则，在教学中融入不同元素的教学理念，这在较大程度上能够提升学生对民法知识内容的全面理解。此外，民法还具有一定的特殊性，并且在一定程度上有较高的时效性。因此，应当遵循创新原则。

（2）理论与实践结合原则。由于受到传统教育的影响，我国传统民法教学在教学的过程中主要以理论基础为主，这在较大程度上减少了实践教学内容，降低了民法应用价值。随着我国法律结构以及体系的不断完善，高校应当采取有效措施对民法教学理念实施全面创新，并且在此基础上对学生民法精神实施有效培养。在此过程中应当提升民法实践价值，只有通过实践方可有效检验民法内容是否完善，在较大程度上实现教学质量的提高。

2. 民法教育理念与精神培养的实践策略

（1）加强对民法教育理念及精神的认识。在实施民法教育时，应在教学过程中全面融入民法精神，而民法精神又与民法教学理念相关，因此需对民法精神进行全面优化，并且在此基础向学生传授法学知识，同时加强教师与学生对民法教学理念以及民法精神的全面认识。

第一，学校应当采取有效措施对学生进行民法精神培养，应全面了解学生的学习水平以及民法教学内容后再选择有针对性的方法制定培养方案，这能够使学生在学习过程中具有较高的针对性。

第二，在民法教学中，教师应当融入民法精神，使学生明白民法精神是民法教学中较为重要的组成部分。在教学中，教师还能够与法学知识进行有效的结合，这对学生民法精神的培养具有较大的促进作用。所以，教师在教学过程中应当深入了解民法精神，并且做好教学准备，总结培养方法，在培养过程中注重全面性培养。教师不但需要讲授民法知识，而且还应与学生的实际生活进行有效结合，使民法精神融入实际生活中。

（2）民法精神培养采用多元化教学模式。教师在进行民法知识教学的过程中，应当增加理论知识讲解时间，将民法精神渗透到其中。但是，从民法精神教学本质角度进行分析，其教学内容具有较强的抽象性，学生在学习的过程中想要了解其本质，应当深入挖掘其中的理论，这在较大程度上会增加民法精神学习的难度。所以，在进行民法精神培养的过程中，教师应当采用多元化的教学模式，将抽象化知识进行具体化，使学生在学习过程中能够对民法精神的实质有全面的了解。比如，教师在教学过程中可以使用讨论教学方法以及辩论的教学方法，从教学内容中选择与民法精神相关的内容作为讨论以及辩论话题，这就需要学生在法律知识的基础上论证民法精神的表现形式。通过这两种教学模式能够使学生对民法精神有深入的了解，并且在此基础上还可从不同角度发掘出新思想，以此加深对民法精神的理解。

（3）增加民法教学过程中案例实践教学。在民法教学的过程中，教学理论知识内容相对较多，并且受到传统教学模式的影响，导致教师在教学过程中主要以理论教学为主，这在较大程度上减少了实践性教学时间，这对提升教学质量会产生较大影响，同时无法提升学生的实践能力。民法教育培养人才，最终是要为社会献出一份力量，因此在教学中应当增加实践性教学时间，这对提升学生的实践能力尤为重要。比如，教师在教学过程中可以通过插入一些案例或者创设情景模式，学生可根据案例以及情景模式对理论性知识进行实践化，以此达到培养的目的。在教学期间，教师需认识到教学案例选择的重要性，应确保案例真实且有较强的代表性，可达到较好的实践目的。同时，教师还应引导学生正确处理民事案件，能够使学生将民法精神抽象化并融入实际生活中，这在较大程度上可帮助学生对民法精神有较好的理解。

（4）从民法精神角度开展理论知识教育。民法教学与民法精神之间有较强的逻辑关系。在民法理论体系中，民法精神是其重要的核心内容，能够构建民法理论。例如，在民法中，将责任划分为公平责任与无过错责任，后者与民法精神紧密相连。因此，在教学过程中，教师应着重阐述两者之间的紧密结合。另外，在物权法与所有权变动、权能限制中，与民法精神私权保护关系密切，亦应予以关注。

因此，在教学知识讲授期间，应选择核心角度作为教学内容。可从私权保护精神角度进行讲授，以此引出民法精神，这对教学质量的提升尤为重要。在对学生进行民法精神培养期间，教师需增加学生理论知识的储备，同时与实践活动相结合，确保学生在学习期间可从民法精神角度对民法理论知识做到全面理解。

第二节　刑法及其理论实践

一、刑法的理论认知

刑法是规定犯罪及其刑罚的法律规范。刑法是一门独立的法律部门，有自己特有的调整对象。刑法的调整对象是犯罪行为，这是刑法与其他部门法在调整对象上的根本区别。正因为刑法具有独立的调整对象，因此其既不依附也不从属于行政法、民法等其他部门法。

（一）刑法的性质

1. 刑法的阶级性质

随着社会的进步，我国的法律制度也在不断完善和发展，法律具有趋同性和阶级性。刑法中的内容主要包括刑罚、犯罪、刑事责任，也就是追究犯罪分子的刑事责任，然后服务于统治阶级。国家的阶级本质决定刑法的阶级本质。我国是社会主义国家，所以我国刑法属于社会主义国家刑法，它以生产资料公有制为基础，反映最广大人民群众的根本利益和意志，是实行人民民主专政的重要工具，也是我国刑法阶级性的体现。

2. 刑法的法律性质

相比于其他法律，刑法的特性有以下几方面：

（1）具有最广泛性的法益保护。通常而言，经济法、民法等法律部门只针对某一特定的社会关系进行保护和调整。例如，民法主要对平等主体之间的人身和财产关系起到调整和保护作用,商法只针对商户之间的财产关系起到调整和保护作用,行政法只针对行政主体在行使职权、接受监督时和对应主体之间的管理关系以及行政主体内部之间的管理关系起到调整、保护作用。但是刑法不同,刑法是面对所有犯罪行为的,其内容包含生活中的方方面面,人身安全、财产安全、经济安全、婚姻家庭关系、社会秩序管理等都在其中。

(2) 具有最严厉性的制裁手段。不管是何种法律都具备强制性,违反法律的人都应该接受相应的法律制裁和国家强制力的干预。比如,违反了民事法律,就应该依照民事法承担消除危害、返还财产、赔偿损失、恢复原状等社会责任;如果违反了治安管理法,就应该承担吊销许可证、罚款、行政拘留等民事责任。但是相比刑法的处罚措施,这些处罚措施都不算严厉。其原因在于刑法除了能够对犯罪分子的合法财产进行剥夺以外,还能限制和剥夺犯罪分子的人身自由和享有的政治权利,如果犯罪分子违法情节严重,还可以剥夺其生命。之所以刑法如此特殊,是因为它所规制的范围广,且它的规制程度由被规制对象所犯的法律性质所决定。

(3) 具有最后手段性的适用位序。刑法所具备的最后手段性又叫作谦抑性或补充性,它基本的含义是——当其他相关法律部门能够保护和调整对应的法益时,刑法就没有"用武之地";相反的,如果其他相关法律部门无法调整和保护某种法益,那么刑法就能够予以保护和调整。换句话说,刑法作为候补法律,能够在其他法律有缺陷时进行补充。所以,刑法一定要慎用,如果其他法律能够起到保护作用,就应该尽量避免采用刑法进行保护。

(二) 刑法的类别

对刑法进行分类,有助于进一步理解刑法和适用刑法。大致来说,学界主要将刑法做以下分类:

1. 广义刑法与狭义刑法

(1) 广义刑法。广义刑法是指关于犯罪及其刑事责任的法律规范的总和,包括刑法典、单行刑法与附属刑法。

(2) 狭义刑法。狭义刑法是指刑法典。"刑法"一词有时在狭义上使用,有时在广义上使用。

2. 普通刑法与特别刑法

普通刑法就是刑法典，它是最普遍使用和最具效力的刑法。特别刑法的主要对象是特别人、特别时或特别事，特别刑法只针对特殊情景。通常情况下，特别刑法包括附属刑法和单行刑法，我国港澳台地区的刑法也可以归为特别刑法。普通刑法和特别刑法在判定不同行为时，所起到的作用也不同。如果某种行为既触犯了普通刑法的规定，又涉及特别刑法的规定，那么应遵循特别法先于普通法的原则，使用特别刑法；如果某种行为同时触犯了同等效力的特别法，那么应遵循新法先于旧法的原则，选用新特别刑法；如果是触及不同效果的特别刑法，那么应遵循效果更佳的特别刑法。

3. 刑事刑法与行政刑法

正常情况下，刑事刑法又称为固有刑法，是对侵害法益、违背道德伦理的犯罪行为规定的刑法。在国外，通常刑事刑法被称为刑法典。行政刑法主要是为了实现对行政的管理，在行政法律中，立法者规定了各种各样的禁令和命令。行政刑法还是在行政法律中对刑事责任条款的总称。从广义的角度来看，行政刑法是行政处罚法则的总称；从狭义上来讲，就是在行政法中相关刑罚方法的法则总称。通常所说的行政刑法是指狭义的行政刑法。行政刑法具有目的性很强、伦理性较弱、变更性较大、散在性较广、交叉性较多、依赖性较强等特征。

（三）刑法的机能

刑法的机能是现实中的刑法可能起到的作用。在人类社会，当社会出现破坏合法权益、违反社会秩序的行为时，一定要通过刑法进行制裁。刑法是统治社会的有效手段，其现实机能包括以下三点：

1. 法益保护机能

在现实社会中，要想使刑法发挥作用，就一定要对社会中人们所公认的、对社会有意义的法益进行保护，进而保护整个社会，维持好现实生活秩序。这就展现了刑法的法益保护机能。利益的保护和利益的价值都不是一成不变的。但是在如今的世界范畴里，各国刑法必须保护的有国家的持续性发展、社会的合法法益、社会个人的生命财产安全、健康安全和人身自由，只有这样，才能对社会秩序起到完整的保护和调整作用。

2. 行为规制机能

刑法既能规范行为，又能规范裁判。

刑法的机能是对行为进行规范：刑法能够把一定的行为确定为犯罪，并且对其行为做出行为评价。通过规定，普通群众就不会产生类似的行为，从而形成一定的行为概念，形成自己的行为标准。

规范裁判也是刑法的机能之一。司法活动规定，如果没有犯罪，就不能轻易定罪、量刑和处罚，并且量刑和定罪都应该在明确的刑法指导下才能实施。因此，对于司法官员来说，刑法是禁止对犯罪人员进行法外科刑的。

3. 人权保障机能

如果刑法运用不当，一方面，惩罚犯罪的功效很可能无法达到，另一方面还会对无辜公民的合法权益造成侵害。因此，为了避免不必要的侵害，必须通过法律保障好合法权益。刑法中的人权保障机能之所以能够实现，是因为我们运用了刑法法规中的一条准则：不管是谁，只要没有犯罪，就不会受到刑罚的任何惩罚。所以刑法能够在一定程度上保障普通人的合法权益，促使刑法成为"善良人的大宪章"。除此之外，刑法还对不同程度的犯罪行为进行界定，这无疑为执法人员和社会大众提供了惩罚的标准，让广大群众和执法人员有法可依。在对个人进行处罚时，如果处罚形式超出了法律规定，则该处罚方式就不被允许。因此，刑法也是"犯罪人的大宪章"。保护刑法机能和保障机能之间存在着矛盾——随着重视人权保障机能措施的加强，处罚范围也会相应受到限制，保护合法权益的机能就会被削弱；相反的，如果加强对社会秩序的维护，那么个人的权利范围就会受到限制，保障人权的机制就会退缩。事实证明，要想使刑法的运用效果达到理想状态，就需要合理处理刑法的社会保障机能和个人权利保障机能之间的矛盾关系。对于任何国家而言，有效地处理刑法问题都是至关重要的，因为这关乎着广大群众的合法权益和社会的长治久安。

（四）刑法的效力

刑法的效力是指刑法的效力范围，是指刑法在什么地方对什么人在什么时间内具有法律效力，包括刑法的时间效力即刑法的时间适用范畴，和刑法的空间效力即刑法的空间适用范围。

1. 刑法的时间效力

刑法的时间效力是指刑法从何时起至何时止对特定空间的人所具有的适用效力。刑法的时间效力包括刑法的生效时间、失效时间及刑法的溯及力。

（1）刑法的生效时间与失效时间。目前，我国刑法的生效时间存在两种规定方式：①自公布之日起生效；②自公布之日起经过一段时间再施行。这两种规定方式都符合罪刑法定原则的明确性和确定性的要求。相比较而言，第二种方式更为科学，更易于被国民接受。法规颁布后，有利于国民了解法规的内容，也有利于司法机关做好适用法规的准备。

刑法的失效时间一般有两种规定方式：①由立法机关明确宣布原有法规效力终止或失效；②自然失效。新法生效后，与其内容相抵触的旧法会全部失效或部分失效，或者因原有的立法条件已消失，旧法自然失效。

（2）刑法的溯及力。刑法的溯及力，也称刑法溯及既往的效力，是指刑法生效后，对于它生效前未经审判或者判决尚未确定的行为是否具有适用效力的问题。如果适用，就具有溯及力；如果不适用，就没有溯及力。这是刑法的时间效力问题中最为根本和最为重要的问题。

第一，刑法溯及力的适用原则。各国刑法关于溯及力有不同的规定，主要有四个原则：

一是，从旧原则。即适用行为发生时的旧法，新法一概没有溯及力。该原则否定对行为人有利的新法内容的适用，不利于对行为人人权的保障。

二是，从新原则。即适用行为后的新法，新法一概有溯及力。该原则与"适用行为时的法"的理念相抵触，违背了罪刑法定原则所要求的事前性、确定性基础上的明确性内涵。

三是，从新兼从轻原则。即以适用新法为主，新法原则上具有溯及力，但在旧法对行为人有利时，即旧法不认为是犯罪或者处刑较轻时，适用旧法。该原则遵循了有利于行为人的原则，但同样违背了罪刑法定原则所要求的事前性、确定性基础上的明确性内涵。

第三章 法学教育的理论实践

四是，从旧兼从轻原则。即以适用旧法为主，新法原则上没有溯及力，但在新法对行为人有利时，即新法不认为是犯罪或处刑较轻时，适用新法。

从旧兼从轻原则坚持对行为人适用行为时的法律，这符合罪刑法定原则的明文规定要求。同时，坚持在新法不认为是犯罪或者处刑较轻时，应适用新法，这有利于保障行为人的权利和自由。因此，这被绝大多数国家刑法采用。我国刑法关于溯及力的规定亦采用了该原则。

第二，刑法解释的时间效力及其适用原则。刑法解释是指有权的解释主体对法律规范所作出的具有法律效力的解释，主要包括刑法的立法解释和刑法的司法解释。有效的刑法解释以刑法典的存在为前提，依附性是其特质。刑法解释自刑法产生之日起有效，且效力应追溯到刑法典实施之日。在刑法典生效之后，但有效刑法解释尚未施行之前实施的行为，应视为自然有效。然而，这并非涉及刑法的溯及力问题，而是由于其依附性导致的自然结论。这是因为此类情况下的行为本身并非刑法，而是依据刑法规定得出的有效性判断。但就目前我国法律适用的现状而言，有效刑法解释特别是司法解释作为定罪量刑的法律依据之一，其法律地位是不可动摇的。最高司法机关，作为有权机关对司法解释溯及力及从旧兼从轻适用原则的肯定，是一种合法但不合理的解释。这是个需要深入探究的问题。

2. 刑法的空间效力

刑法的空间效力是指刑法在何种空间范围内对何种行为主体所具有的适用效力。刑法的空间效力是主权国家刑事管辖权的法律表现形式，而刑事管辖权是主权国家刑法空间效力适用的基础。依据各国刑法及国际条约的规定，一国刑法不仅在本国主权范围内具有管辖权，适用于本国领域内的行为，而且在一定条件下也可以在本国主权范围外具有管辖权，适用于本国领域外的行为。同时，主权国家应履行国际公约义务，对于危害人类生命、财产安全，损害国际关系的国际性犯罪行为，只要罪犯进入本国境内，条约缔约国就有刑事管辖权，进而实现刑法的空间适用效力。

各国基于本国的政治、经济和文化传承等情况，确立在刑事管辖权基础上的刑法空间效力的适用原则有所不同。一般而言，有以下独立的原则：

（1）属地原则。即以领域为标准，凡在本国领域内实施犯罪行为，无论是本国人还是外国人，都适用本国刑法；反之，凡在本国领域外实施犯罪行为，无论本国人还是外国人，都不适用本国刑法。

（2）属人原则。即积极的属人原则，是指以人的国籍为标准，凡是本国人犯罪，不论是在本国领域内还是在本国领域外犯罪，都适用本国刑法。对于属人原则的内容有三种主张：①认为属人原则包括被告人国籍管辖和被害人国籍管辖；②认为属人原则只包括被告人国籍管辖而不包括被害人国籍管辖；③认为属人原则仅指被告人国籍管辖，而被害人国籍管辖不是一个独立的管辖原则。

（3）保护原则。即以保护本国利益为标准，无论是本国人还是外国人，无论是在本国领域内还是在本国领域外，只要侵害了本国利益，就适用本国刑法。

（4）普遍管辖原则。即以保护各国共同的利益为标准，凡发生在国际条约规定范围内的侵害国际社会共同利益的犯罪，不论犯罪人是本国人还是外国人，不论犯罪行为发生在本国领域内还是在本国领域外，本国作为缔约国和参加国发现罪犯在其领域内时，就可以行使刑事管辖权，适用本国刑法。

二、刑法的基本原则及司法指导

（一）刑法的基本原则

1. 刑法基本原则的重要意义

刑法基本原则是贯穿于全部刑法规范和刑法适用中的准则，是刑事法治基本精神的集中体现，它们对刑事立法和刑事司法具有巨大的指导意义。刑事立法工作必须完全体现刑法基本原则，而绝不能违背这些基本原则。如有必须对刑法加以修改补充时，一定要以这些基本原则为指导，使罪刑规范更加具体、明确、清晰，既有利于保护社会，又有利于保障人权。刑事司法工作要大力贯彻这些基本原则，强化法治意识、平等观念和公正无私、刚直不阿的思想，使所办的案件能经得起历史的检验。总之，刑法基本原则具有强大的威力，它们既有利于积极同犯罪作斗争，又有利于切实保障公民的合法权益；既有利于推进法治化进程，又有利于维护法律的公正性；既有利于完成刑法的任务，又有利于达到刑罚的最佳效果。因此，它们必将促进我国刑事立法的完善和刑事司法的公正、文明，从而更好地保障我国法治事业和现代化建设事业的顺利进行。

2.刑法基本原则的特征分析

刑法基本原则是社会主义核心价值观中的自由、平等、公正、法制价值在刑法典上的一种宣示，是刑法理论体系及其学说的浓缩精华，具有纲领性、全局性与贯穿性三大基本特征。这些基本特征的存在孕育并持续夯实了刑法基本原则的司法指导意义及其司法化的能力。

（1）纲领性。刑法基本原则具有提纲挈领的重大基础作用，主要表现为：①明确划分封建社会的刑法与近现代社会的刑法，突显近现代刑法的法治精神；②突出强调并反映近现代刑法的理论基础、价值取向、功能设定、制度安排等一系列基础问题；③对刑法典的规范适用具有根本性的指导意义。刑法基本原则既是可以直接适用的总则核心条文，又是指导其他条文理解与适用的基本依据。

（2）全局性。在法典化国家，刑法典的制定与颁行是为了解决繁纷复杂的刑事法问题。刑法典在布局上遵循"抽丝剥茧"的工匠精神，反映了立法精细化的特点。但刑法典也需要超越具体、个别的思维，从全局的高度规划与设计刑法典及其内容。刑法基本原则无疑被委以重任，成为统揽全局的最佳平台。全局性的基本特征，使刑法基本原则具有指导总则其他规定、并全面指导分则的功能潜质，当然这也是基本原则发挥全局性司法指导作用的重要保障。

（3）贯穿性。刑法基本原则不仅是立法的纲领性、全局性规范，同时也是贯穿整个法典或刑事司法的基本训条。它不仅表现为内容上前后逻辑的贯穿，使法典的全部内容相互协同，构成一个整体，也表现为形式与体例上的联络性，使法典形式齐整、体例一致。

（二）刑法基本原则的司法指导

自近现代刑法诞生以来，为了真实反映并有效实现近现代法治精神，刑法典往往规定刑法的基本原则，以此固化、彰显并贯彻近现代刑法的基本任务，更好地惩罚犯罪和保障人权。更为重要的是，刑法基本原则的确立为刑法典由理论、立法走向司法实践提供了极为重要的指导纲要，为刑事司法提供了基本标准。

1. 刑法基本原则对司法指导的重要意义

刑法基本原则对刑事司法有指导意义并非虚幻的口号，而是有一定格局的。从我国刑法理论、立法与司法的互动模式看，刑法基本原则的指导意义如下：

（1）总则指导分则是基本模式。刑法理论的核心问题与立法的重点，在立法体系层面上均落在了刑法典总则上。相比之下，分则作为承接的载体与平台，发挥了更加具体、直观的作用。刑法基本原则落于总则，而且位居前列，凸显其重大地位与根本作用。正是这种逻辑图式，逐步形成了通过总则指导分则这一基本模式来实现刑法基本原则的司法指导意义。

（2）指导定罪量刑活动是主体内容。定罪与量刑是两项最基本的刑事司法活动，也是刑法理论体系与立法共同聚焦的场域。在实践中，重定罪轻量刑的不良倾向长期存在。但随着量刑规范化改革明确了量刑程序的地位，这一局面已经被显著扭转。这正是刑法基本原则发挥其司法指导意义，担负起指导定罪与量刑的"规范""疏解"以及"统一化"等责任。

（3）统一适法标准是主要目的。刑法基本原则的价值与意义尽管表现在很多方面，但万变不离其宗的，就是竭力统一刑事司法中的适法标准，从而更好地实现司法公正。

（4）作为刑法理论体系的说理机制而存在。刑法基本原则在内容与表述上，具有较为突出的抽象性、概括性和原则性，不像总则其他规定或分则规定一般具体涉及罪责刑的内容。这决定了刑法基本原则的司法指导意义可以具体化为刑法说理机制，这既是对立法原意的释明，也是对适用刑法中罪责刑规定的阐明。刑法基本原则作为刑法说理机制，使司法指导意义、司法化能力以及运行机制更契合其本质特征。

2. 刑法基本原则对司法指导的功能阐释

刑法基本原则的司法指导意义并非孤立存在,而是在综合的刑事法治环境中实现的。换言之,其司法指导功能是在刑法理论、刑法立法以及刑事司法的运行体系中实现和完善的。

(1) 刑法理论固化的映照与反哺。一方面,刑法基本原则的确立离不开刑法理论体系,它是对近现代刑法基本观念的正式反映,并以高度浓缩的方式予以立法化。因此,刑法基本原则是对刑法基本理论及其观念不断成熟、固化后的客观写照。而且,刑法基本原则的内在使命就是得到贯彻和落实。另一方面,刑法基本原则作为独立的本体范畴,其内在的根基和要素是发展变化的。犯罪现象、态势始终在变化,刑事司法的对象也再不断翻新。刑法基本原则在变动的格局下,基于谋求时代适应能力的需要,必然衍生"反哺"刑法理论体系及其学说的积极效应。

(2) 立法规定的缘起与验证。从逻辑顺序看,刑法理论体系层面的基本原则,并不一定与刑法典所确立的基本原则完全一致。但被立法者最终认可的基本原则,无疑是刑法理论体系中最核心、最璀璨的部分。刑法典中的基本原则,作为立法规定,与刑法理论体系及其学说高度相关,此乃刑法基本原则的立法缘起,也是立法精神的集中区域。刑法基本原则的指导意义决定其不仅发挥"适法"的作用,以保持刑法典的安定性,维护立法的正当性与合法性;同时,它也必然孕育出"批判"的理性精神,通过指导司法实践的路径,验证刑法典中的规范是否有效且正当。刑法基本原则在指导司法适用时,绝不是被动的"演绎者",而是主动的"验证者"。这赋予了刑法基本原则的司法指导意义更积极、能动的改革属性。

(3) 司法适用的调试与修正。刑法基本原则的司法指导意义得以充分展示和落实,是由刑法基本原则的调试功能与修正功能完成的。一般而言,由于刑法基本原则负载的内容过于根本性、基础性、宏观性,在具体的适法过程中往往无法发挥直接的干预作用。这就使其在指导司法适用的问题上,更多地表现为温和的"调试"角色。譬如,在刑法解释的限度上,究竟是扩张解释还是限缩解释?刑法基本原则发挥的"调试"作用,具体是作为一种

"说理机制"存在的。但基于刑法基本原则内在的"理性批判"精神,它也对刑事司法过程中的偏差现象发挥着"修正"的作用,防止个案的法律适用走向不公正的境地。

三、刑法教育及其实践

(一) 刑法教育的价值

法律的教育性是指由法律的教育功能和教育作用来体现的一种法律特性。在推行法治的当前,重视(作为保障法的)刑法的教育性势在必行。特别是在缺乏法治传统以及道德约束乏力的国度,加强对法律的教育理性的思考,有助于促进法治建设、提升民众对法治的信仰,因此强化刑法教育性的积极意义就显得尤为重要。对此,至少需要从两方面作出不懈努力。

人们必须认识到刑法的教育机能及其教育特性的重要性。当然,它们来自刑法特有的教育结构,以及这种结构、机能及其相互关系所形成的特殊机制。它是一种特殊的惩罚罪犯与治理国家(包括矫治罪犯)的教育机制。对这种涉及刑法教育性的特殊机制的研究却没有获得足够的重视。即使在西方,关于刑事惩罚(与治理)的教育机制的研究也不够充分。尽管德国刑法学家李斯特提出了教育刑论,该理论强调了特殊预防中的惩罚教育的作用,具有历史进步性。

为了加强刑法教育性的研究,需要从"刑法惩治的教育学"(广义上的"惩治的教育学")的角度去分析刑法问题。"刑法惩治的教育学"的内容包括罪犯教育学(含劳动改造学)、消极的一般预防涉及的教育以及积极的一般预防涉及的教育等内容。对刑法的惩教机制的系统研究或许可以成为从广义上的"惩治的教育学"的角度进行整合性分析的一种路径,因为刑法的惩教机制包含了比刑罚的惩罚机制和刑罚的教育机制更丰富的内容,其中还涉及定罪的惩教机制的研究等。

(二) 刑法教育的实践——以翻转课堂为例

下面以翻转课堂为例,优化刑法教育的实践。"翻转课堂教学模式具有的颇多益处值得我们教师积极借鉴,如促进学生自主学习、利于学生知识内化等。"① 在"微时代"背景下,可以通过对网络教学资源和网络教学平台的合理利用,积极促进教学模式的有益转变和教学方式的重要更新。

1. 刑法课程翻转教学经验

翻转课堂是慕课在基础教育领域应用的一种模式,它以互联网为依托,学生可以在家中完成相关知识的学习。课堂的功能则由知识传授转为师生、生生间的互动交流,答疑解惑、知识运用等功能在交流中得以实现,从而获得比传统教学模式更好的教育效果。

翻转教学模式以问题为导向,体现时代特色和社会焦点;将教师、学生和课堂主体紧密结合;运用现代技术手段,体现高校教改的成果。在"微时代"背景下,教学资源呈现网络化、平台化和信息化的趋势,刑法课程的翻转教学积极采用线上资源,将刑法课程教学的方针定位为"先学后教,以学定教"。旨在转变学生的学习方式,强调学生的课前预习、主动学习,将教学形式进行系统优化,使刑法教学内容丰富化和结构化。通过刑法课堂翻转教学实践的开展,总结经验如下:

(1)依托智慧教学工具,保障在线翻转课程的教学资源。翻转教学的开展离不开多元化教学资源的整合与利用。刑法课程的教学模式转变依托于多个智慧教学工具,让学生在体验式教学的环境中实现学习态度的转变和学习方式的优化,完善学生的知识结构,培养学生的自我思考与批判思维,实现学以致用。

(2)师生角色的转换,将教师定位于知识引导者和课程组织者。在翻转教学的模式中,任课教师可以依据本周教学的内容设置相应的教学情境,向学生传达教学任务和成效要求。授课教师采用提前筹划和细心组织的方式,针对学习过程中学生遇到的重点难点问题进行指点,以多样化的形式进行交流,实现学习成效质的提升。

(3)教师及时反思课程不足,定期与同事交流经验。法学是一门专业

---

① 李文超. 刑法翻转课堂的教学实践与优化对策[J]. 法制与社会,2020(32):163.

性、实践性很强的学科，刑法课程的教学工作更离不开教学经验的反思与交流。刑法授课教师不仅可以通过网络平台与其他教师进行经验交流，还可以向其他高校的优秀教师求教。在平时，教师可以通过撰写教学日志及时记录教学过程中的体会，反思教学过程中的不足。

2. 刑法课堂翻转教学的优化策略

（1）教学形式及教学流程的优化升级。网络教学资源及教学平台的实施与运用，将极大推进线上翻转模式教学的展开。同时，刑法教学资源呈现丰富化，不仅可以通过多媒体形式进行学习，而且可以根据学生和教师的需求进行定制，实现个性化和智能化。

在教学资源实现重大转变的环境下，教学流程有必要进行进一步的优化。在翻转教学模式下，教学模式或可转变为先学后教或是以学定教。在日常教学中，注重学习规划、学习方法、知识框架的引导，在教学环节中增设刑法案例剖析、刑法观点辩论、分组研究讨论等活动，调动学生的学习积极性，实现学生和教师角色的逐步转变。

（2）合理设计教学方案。在翻转教学模式下，学生是课程学习的主力，教师更多的是起到引导、指点的作用。因此，有必要通过合理设计教学方案，如导学等，实现应有的教学效果。

（3）不断提升刑法教师的专业视角。在翻转教学的环境中，更加强调教师对于学生的引导和指点。法学是一门实践性很强的学科，对于法条的理解与运用都离不开教师的司法实践。因此，教师有必要通过多种途径提升自己的理论高度和实践水平。

建议持续加强双师型教师队伍建设的力度。比如，鼓励学院法学教师从事兼职律师，利用课余时间参与案件的办理，从当事人的角度去思考问题、解决问题。在办案过程中遇到的问题可以作为办案经验分享给学生，让学生明白我们国家的司法实践是怎样的，更有利于学生树立正确的法律观念。还可以适时安排法学教师到检察院、法院系统进行为期一年的挂职锻炼，让法学教师了解司法系统的运转过程，亲身体验我们国家司法改革的优势。

总之，法学教师有必要走出高校，参与到办案的过程之中，这将更有利于提高教师对于法律条文的理解和运用,最终提升教学的能力和效果。

第三节 行政法及其理论实践

一、行政法的理论认知

(一) 行政法的职能表现

行政是行政主体依法对国家和社会事务进行组织和管理、集合和分配公共利益的一种国家职能。具体表现在以下几方面:

第一,行政具有主体特定性。行政的主体是一定的国家组织或社会组织,行政是对国家事务或社会事务的管理,必须由一定的法律主体来进行。行政的主体主要是行政机关,即从事国家事务和社会公共事务管理的国家组织。由于行政任务的多元化和复杂化,除行政机关外,非行政机关的组织也可根据法律或法规的授权从事一定的行政管理职能,从而也成为行政的主体。当然,组织的行政活动还需要这些组织中的工作人员来具体实施或完成,实践中还存在行政机关委托社会组织或人员从事一定行政事务活动的情形。

第二,行政具有执行性。行政并不是国家的所有活动,而是行政机关实施国家行政权的活动。这种活动主体主要是国家行政机关,活动的内容是实施国家行政权。在我国,行政作为一种执行活动,是行政机关执行权力机关意志的活动。

第三,行政具有法律性。现代行政管理首先是依法管理,行政活动不能超越法律,要受法律的约束。"依法行政"是当代行政法的原则和核心,一切行政都要遵循法律所规定的条件、程序、方式、形式等,违法行政没有法律效力。

第四,行政具有强制性。行政是国家的活动,体现了国家的意志,行政的实施以国家的政权为后盾,以法律的强制力为保障。行政主体所实施的行政活动，相对人有服从、接受和协助的义务，否则，行政主体可以借助法律手段来强制相对人执行和服从自己的行政决定。

第五，行政内容具有公益性。行政是一种与公共权力相联系的国家行为，它具有公益性。它以取得社会公共利益为自己的宗旨和目标。

第六，行政具有受监督性。行政活动必须受到严格的监督，这种监督既有来自权力机关的监督，也有行政机关自身的约束，还有来自政党和其他社会组织以及自然人的监督。

（二）行政法的特点分析

1. 行政法在形式上的特点

（1）形式多样，数量庞大。宪法和刑法的表现形式基本上是法典、法律及法律解释，而行政法的表现形式较多，具体有宪法、法律、行政法规、地方性法规、规章和法律解释等。行政法的这一特点反映了一定层次上的公共利益与个人利益关系的多样性、行政职能的广泛性、行政法规范制定主体的多元性、行政法效力的层级性和地域性。行政法没有统一的法典，有多种具体表现形式，调整对象又非常广泛，因而行政法规范的数量十分庞大。大量的行政法规、部门规章和地方性法规、规章属于行政法的范畴。因此，行政法从数量和规模上来看，比其他任何一个部门法都要庞大。

（2）实体法规范与程序法规范相互交织。传统上将法律分为实体法和程序法，如民法与民事诉讼法、刑法与刑事诉讼法，程序性法律规范和实体性法律规范分别制定法典或法律，但是行政法往往是实体法与程序法混合。行政法既规定公民、法人或其他组织有哪些行政法上的实体权利义务，同时又规定公民、法人或其他组织实现权利和履行义务的程序和方式。在规定行政机关享有特定行政管理权的同时，又规定行政机关行使权力的条件、程序等，以实现行政管理的规范化并防止行政权的滥用。在大多数国家，行政程序性规范不是集中在自成体系的行政程序法文件中，而是散见于以行政实体性规范为主的众多法律文件中。当然，行政法律规范的这一特点并不影响把共通的行政程序独立出来，不影响行政程序法的独立存在。

2. 行政法在内容上的特点

(1) 行政法内容具有广泛性、确定性、技术性。现代国家的行政活动领域十分广泛，政府职能几乎无所不在，但行政法的调整对象及其范围是确定的，即始终以行政关系和监督行政关系为调整对象。行政活动有许多是面向未来的创设性活动，或者是对特定专业领域进行管理的活动。行政法在规定行政活动的目的、手段和方法时，必须对未来可能发生的情况或有关专业问题进行科学、客观的分析、预测和论证，从而具有较强的专业技术性。

(2) 行政法律规范的内容具有易变性。由于行政管理活动涉及的范围非常广泛，涉及的事务又非常具体，且处在经常不断的变化之中，相应地，作为调整行政活动的行政法律规范也经常处于动态之中。作为一种法律规范，行政法规范同样具有法律规范的必要稳定性，不能朝令夕改，使人无所适从。只是相对于其他法律规范而言，行政法规范易于变动。

(3) 行政法具有很强的命令与服从性。由于行政法规定行政主体的主导地位，因而具有强烈的服从与命令性质。行政主体依法具有单方面设定、变更和消灭行政法律关系的权力。对所依法设定的行政相对人的义务，行政主体有权依法强制相对人履行，相对人不得公然对抗。

(三) 行政法的地位与作用

1. 行政法的地位分析

行政法在法律体系中的地位，主要是指行政法在法律体系中的角色以及与其他法律的关系。

(1) 行政法是宪法的具体化。行政法规范与宪法规范往往难以区分。从宪政史的角度来考察，行政法作为具体化了的宪法，不能离开宪法的原则指导；而宪法的原则规定，也不能离开行政法的具体规定和落实。宪法是行政法的基础，而行政法是宪法的实施。行政法即使不能说是宪法的一部分，也可说是宪法的具体化，是宪法的重要实施法。尽管刑法、民法等都是宪法的实施法，但相对而言，行政法与宪法的关系最为紧密。

(2) 行政法是一个基本部门法。基本部门法是法律体系中第一层次的部门法，也就是法律系统中第一层次的子系统，而不是子系统的子系统。如组织法规范、军事法律规范、矿产资源法律规范、社会保障法律规范等,分属于各基本部门法。行政法与民法和刑法等一起,构成了一国法律体系中的基本部门法。行政法作为一个基本部门法,是不隶属于任何其他部门法而独立存在的。行政法的独立地位,是由行政法的基础和调整对象,即一定层次的公共利益与个人利益关系的独立性决定的。一方面,行政法不依附于其他部门法而独立存在;另一方面,行政法对其他部门法的影响越来越大。行政法规范逐渐向社会的各个角落渗透,随着现代国家对社会生活干预的扩大和加强,行政法在国家中的影响也必将越来越大。

2. 行政法的重要作用

行政法在国家生活和社会生活中发挥着重要的作用。

(1) 保障行政权的有效行使。行政主体行使行政职权,是国家实现政治、经济、文化等建设任务的最重要的途径和手段。因此,保障行政主体有效行使行政职权,是实现国家职能、确保国家现代化建设事业得以实现的重要前提。现代国家的行政管理必须依法进行,行政法是行政主体行使行政职权的主要依据,对行政管理活动发挥着保障作用。这种作用体现在以下几方面:

第一,确认行政权的相对独立性,赋予行政主体相应的行政职权。行政权只能由国家行政机关享有和行使,其他任何国家机关、社会组织和公民个人未经法律特别规定,不得非法侵犯行政机关的行政权,也不得非法干涉行政机关行使行政权的活动。

第二,明确行政主体与行政相对人的关系。行政法一方面确立了行政主体对行政相对人的主导地位,另一方面又确立了行政相对人对行政主体的监督制约权利。行政法确立的这种行政主体与行政相对人之间的关系对保障行政职权的有效行使具有特别重要的意义。

第三,明确行政主体与公务员、被委托组织及个人之间的关系。行政法一方面规定了行政主体对其公务员的管理权,对其他组织和个人行使职权的委托权和监督权;另一方面也规定了公务员、被委托组织及个人相应的权利和义务,这对于明确它们之间的相互关系,保障行政职权的有效、合法行使具有重要意义。

第四，明确行政主体行使行政职权的手段和程序。行政法一方面赋予行政主体许多相应的管理手段，如命令、制裁、强制执行等，以保证行政职权的有效行使；另一方面对如何运用管理手段规定了明确的步骤和方法，如要求行政主体事先说明理由、讲中听取意见、事后告知救济权利、公开行政依据、设立听证制度等。这对于保障行政活动的合理、合法进行有着重大意义。

第五，明确对违法行使行政职权的行为和妨碍行使行政职权的违法行为的制裁。行政法既规定了对行政主体违法行使行政职权的行为的制裁措施，也规定了对行政相对人妨碍行政职权行使的违法行为的制裁措施，这是保障行政主体有效行使行政职权必不可少的内容。

（2）促进民主与法治的发展。公共利益与个人利益关系的广泛性，决定了行政法调整范围的广泛性。在当今社会，随着个人需求的发展和交往的拓展，个人利益与公共利益关系的范围日益扩大，因而行政的职能及范围也越来越大。每一方面的公共利益与个人利益关系是否都能有法可依、有法必依、执法必严、违法必究，每一方面的行政活动是否都有相应的法律来规范，已成为一个社会法治是否健全的重要标志。没有行政法或行政法不完备的社会，绝不是法治社会或法制健全的社会。

二、行政法的教育教学及其实践

（一）行政法的教育教学方法

1. 任务驱动教学法

（1）任务驱动教学法的优势

任务驱动教学法是一种探究式教学方法。它将教学内容设计成具体任务，将要学习的新知识巧妙地隐藏在任务中，引导、帮助学生在对任务进行认知、分析后，制订解决方案；利用必要的学习资料，独自或协作完成任务，达到获得知识和技能的目的。任务驱动教学法以学生为主体、以教师为主导，改变了"教师讲，学生听"的被动教学模式，强调学生对知识的主动探索、主动发现、主动构建，让学生将学习活动同解决问题结合起来，在解决问题的过程中激发学生的学习兴趣。任务驱动教学法在行政法的教学中具有以下优势：

第一，行政法教学内容较多，课前任务有利于发挥各种资源优势。教师合理的任务设计能够将要学习的新知识、新技能融入学生已有的知识体系中。如前所述，行政法课程内容涉及较多，其基本原则、基本概念都是从大量的现实研究中逐步抽象出来的，要想准确理解和把握相应的知识点，需要课前大量的知识积累。因此，采用任务驱动教学法，教师在学期开始或者课前的合理时间内将任务布置给学生，学生可以通过教材、网络、实践等不同的资源途径搜集素材，根据自己的基础条件开展灵活多样的学习活动。

第二，任务驱动教学法可以提高学生发现问题、分析问题、解决问题的综合能力。学生完成任务的过程就是发现问题和解决问题的过程。我国行政法的研究起步较晚，行政法知识体系尚处于开放阶段。通过完成不同形式的任务以及作业展示，学生的学习能力得到锻炼和提升。教师从主导变为辅导、引导，学生从听众变为课堂真正的主角。任务驱动教学法激发了学生的求知欲、学习兴趣，提高了学习效率，增强了学生分析问题、解决问题的自主学习能力，开拓创新以及团队协作能力。这些都是讲授式教学法所不能比拟的优势。

（2）任务驱动教学法的实施

第一，学生主要利用学校的网络教学平台进行分组，分组时应适当考虑男女比例、学生能力层次的搭配及是否方便协作等因素。教师可以进行微调，指派小组长。每个小组长负责协调本组成员，并根据任务与组员共同制订本组实施计划。

第二，教师在教学过程中，根据每个学习阶段的内容安排，筛选真实案例的裁决，引用相关文献资料，并布置任务。每项任务都要求学生最终总结他们的结论，包括国内外相关主题的研究现状、他们自己的观点及相应的原因分析等。

第三，学生会分组完成任务，这一环节强调学生的主体地位。每个小组按照任务的要求进行内部分工合作，以完成项目任务。教师在适当的时候通过面对面交流或社交软件等方式引导学生收集、分析和运用文献资料，以培养学生的自主学习能力。

第四，小组在完成课堂展示任务后，根据任务类型统筹安排课堂教学计划，力求使学生全面展示他们的成果。在课堂上，学生会利用学习软件进行自我评估和互相评价，师生之间进行平等的讨论和交流，通过不同观点的碰撞和启发来完善和修正当前任务的解决方案。在进行课堂演示后，学生需要提交纸质或视频作业。

第五，教师会进行综合评价，评估任务完成情况以及学生的综合素质，以激发学生的成就感和认同感。

2. 体验式教学法

（1）体验式教学法的重要性。目前，传统教学方式已经难以满足现代社会对法律专业人才的需求，有必要也有可能在行政法实践教学中引入体验式教学法，以摆脱行政法"枯燥"的标签，调动学生的学习积极性。所谓体验式教学，就是在把握学生对事物的认知规律与能力的前提下，通过创设或还原与教学内容相关的情境和场景，让学生在体验中理解学习内容，并获得更深的理解、更强的记忆。"体验式教学方法，对于凸显学生的主体地位，调动学生的学习热情具有重大意义。"[①] 随着司法改革的不断深入，对法律专业人才提出了更高的要求：不仅"知晓"还要"能做"。体验式教学法恰能够使行政法的理论知识与实践相结合，在体验中激发创新意识，在体验中加快知识经验的转换，进而获得新的结果和感受。体验式教学法与学生成长规律相适应。当代大学生生活在一个多元的价值认知中，崇尚新知。体验式教学法强调教学角色的转变，注重教学过程的双向性。在课堂上，学生是学习的主人，教师只是引导者，通过引导让学生主动参与、体验、思考。这样，不仅可以突出学生在学习中的主体地位，还能激发学生的学习兴趣，培养学生主动学习的精神。总之，在行政法教学过程中，教师"一言堂"的教学方法应当改变，探索切实有效的体验式教学法更有助于实现课程教学目标的高效达成。

---

① 蒲晓媛. 体验式教学在行政法与行政诉讼法课程教学中的应用 [J]. 内江师范学院学报，2017, 32 (7): 115.

（2）体验式教学法的实施。体验式教学法在行政法教学中的形式虽然不同，但其实施策略却是一致的。对其实施策略进行分析，有助于体验式教学法在行政法教学中得到更好的运用。

第一，主动转变教学观念。传统的教学方法过于注重知识的传授，在这种模式下，教师是课堂的主角，学生被动地接受知识，久而久之，学生不再愿意思考，也就逐渐丧失了主动学习的热情。因此，要主动转变教学观念，更加注重教学过程的双向性，让学生由被动参与转变为主动参与，让教师由课堂主角转变为课堂配角。比如，教师可以将行政法课程内容分为行政处罚、行政许可、行政强制等若干专题，由学生自由分组、自行策划，通过情景模拟等方式在课堂上再现行政执法的场景。在这个过程中，教师的作用主要体现在对主题的选择上，确保选题既能达到体验效果又不偏离教学目的。此外，教师虽不直接参与学生的讨论和展示，但应及时记录学生的表现及存在的问题，为点评总结做好准备。

总之，要在行政法教学中应用体验式教学法，就要主动转变教学观念，做到"学生为主体，教师为主导"。

第二，充分做好准备工作。为了更好地实施体验式教学，教师要充分做好相关的教学准备工作，熟练把握教学内容以及与教学目标。

一是，行政法的授课教师要从理论上分析行政法的知识点，并确定相关的可行性教学方案、教学案例或者情景剧教学、模拟法庭的主题，从整体上谋划体验式教学的相关思路，把握体验式教学的相关环节。

二是，教师要注重所选择材料的真实性以及多样化，尽可能选择具有关联性、探究性、代表性的与教学内容以及教学目标相适应的社会热点问题。比如，在拆除违建的案例中，可以按照行政处罚、行政强制措施、行政强制执行的相关知识点设计情景剧教学思路，让学生编制一个城管部门现场执法的情景剧。通过体验式教学，学生可以对行政处罚、行政强制措施、行政强制执行三种行政行为进行对比、区分，以更好地掌握相关理论知识。

三是，教师要有针对性地做好课堂上突发事件的应对方案，密切关注体验式教学的进展。

第三，准确控制教学过程。对整个教学过程进行有效控制是体验式教学成功与否的关键。对此，首先，要从整体上控制好教学中心，避免体验式教学过程偏离主题。其次，要从整体上控制好教学的时间，严格按照教学方案预设进行，避免因为某个流程过短或过长而对其他流程产生影响。最后，要从整体上调节好教学气氛，积极引导学生进行表演等活动，让学生在愉悦的氛围中读懂、看懂、学懂，真正使学生成为教学活动的"主体"。

以小组讨论教学法为例，因为课堂时间有限，所以可以将自由分组、布置任务、独立思考等环节提前在上课前完成，包括拟定讨论提纲、讨论程序以及对议题相关内容进行查阅等。课堂上则重点进行组内讨论、小组展示、点评总结等环节，通过听、说、辩等方式，调动学生学习的积极性，增强学生自主探究和思辨的能力。

第四，构建互动考核模式。与传统考核方式不同，互动考核模式可以改变平时以学生回答问题为主的教学惯性，更有利于促进学生的全面发展。

一是，动态的多媒体记录，摆脱了传统文本作业的单一成绩呈现方式，形成互动性多增量的作业载体。

二是，学生的自评与互评，有助于进一步巩固课堂所学知识，查缺补漏，调动学生积极性。

三是，过程式考核方式，突破了传统单向考核的范式，使学生从为了考试而考试向以问题牵引式的研究型自主学习转变。互动考核模式可以突破以个人表现程度的累加衡量整体教学效果的做法，通过评估学生间与师生间的交互影响效果从而建立行政法课程教学的长效机制。

（二）行政法的教育革新与实践

第一，积极确定教学理念，也就是需要在整个行政法的教学中让学生成为学习的主体，在整个教学的过程中要积极地构建良好的学生学习体系，这样才能够培养出符合社会要求的法学型人才，这是人才队伍建设中的关键一步。所以，在整个行政教学的过程中，要将教学与就业相互联系，更加重视学生自身实践能力的培养，这样才能够更好地提升学生对于基础知识的掌握，才能够帮助学生去真正地进行实践，提升自身的行政法学素养。这对于学生的学习和生活都是十分重要的，而且也十分符合当期整个行政法学的教学理念。对于那些需要考研的学生来说，需要对其进行有效的实践性教学，因为只有在实际操作过之后，学生才能够真正体会到整个教学的重要性，为其日后在更高一层的学习中获得全新的理解，这对于整个学生群体的日后发展来说是十分重要的。因此，坚持以学生的主体意识为主的教学理念，是当前我国行政法教学的关键，也是整个教学过程中必须要重视的内容。

第二，要培养学生的学习兴趣。行政法学教学过程的关键是要提升学生的学习积极性，也就是在整个学习过程中，要让学生能够体会到整个教学过程中的重点，只有在明确重点之后才能够更好地激发学生的学习潜力，这就是我国进行行政法学教学改革的主要方法。所以，在整个教学的过程中，要不断体现整个教学过程中的核心，要更加重视教学的有效性，通过构建正确的法学体系不断提升整个教学的针对性，这样能够从一个学生可以理解的角度去思考整个问题，也能够更好地去启发学生去学习。这是整个行政法教学中的关键，也是为了更好地保证整个教学有效性的关键。

第三，要积极与现实生活相互联系。我国行政法学的教学过程中需要和整个教学的目标相互一致，在整个教学的过程中要更加重视学习的实践性，这样才能够满足我国行政法学的教学目标，也能够真正地帮助我国行政法教学得到良好的改革并使教学水平不断提升。

总而言之，对于我国行政法教学来说，需要做的就是要和整个现实环境相互协调。只有在现实的指引下，才能够真正将理论变为行动，而且正是在这样的基本环境下，才能够保证我国行政法学的教学理念不会出现偏差，继而实现我国教学的基本目标，这是我国行政法学教学过程中必须要重视的关键部分和主要教学方法。

思考与练习

1. 民法有哪些内在特性？
2. 刑法是统治社会的有效手段，其现实机能包括哪些方面？
3. 行政法的社会关系包括哪些方面？并分别论述。

第四章　法学教育人才培养模式

第一节　学术型法学人才培养模式

在法学高等教育阶段，将人才培养模式进行学术型与应用型分类是非常有必要的。法律除了应用外更需要进行理论上的构建与论证，无论是从法理学的角度还是从部门法的制定上，理论的研究目的是令法理更加具有逻辑性，符合现行的法律框架，令法律更加具有适用性。专门的学术型法学人才的培养并不与职业化的大方向相矛盾，甚至进行这样的法学教育分类更能体现整体法学教育的层次性。学术型法学人才培养模式应该与应用型法学人才培养模式共同发展。

学术型法律人才培养模式以选拔高层次法学研究型人才和拔尖创新型法律人才为主要目标，是主要为法律高等院校、科研机构等单位培养教师和科研人员的规范化机制。我国对学术型法律人才的培养主要集中于法学硕士和法学博士的教育上。

一、法学硕士的人才培养

法学硕士是法学专业学位教育中位于法学学士和法学博士之间的一个层次，供本科阶段为法学专业的考生报考，学习侧重坚实的理论研究，旨在为国家培养全方位的学术型人才。"按照卓越法律人才的内涵要求，扎实的实务能力是优秀法学人才应当具备的基本素质，面向法治实践进行学术研究是学术型硕士研究生理当自觉努力的方向。"[①]

结合中国对应用型人才需求持续增加的社会现实，以及法本、法硕的教育背景，可以将我国法本、法硕的培养目标定位为：培养热爱祖国、拥护中国共产党的领导、拥护社会主义制度，遵纪守法、品德良好、具有服务国家服务人民的社会责任感，掌握法学学科坚实的基础理论和系统的专业知识，具有创新精神和较强解决实际问题的能力、能够承担某一特定领域法学专业相关工作、具有良好职业素养的高层次应用型专门人才。

（一）法学硕士人才的培养目标

法学硕士教育制度的设计初衷在于为法律教育和科研领域培育学术人才，预期的毕业生应为学术法律人才，而非实务法律人才。从我国现阶段按照二级学科设立专业招生和培养研究生的做法，足以显见法学硕士明显的理论教育倾向。其目标在于通过对专业知识的深入学习和研究，使研究生掌握基本原理、原则、理论及思维方式，尤其强调学术性。

学术研究性强调法学的社会性，强调法学教育的职业性和实践性。因此，尽管法学硕士研究生和法律硕士研究生在理论知识结构和能力方面的要求有所不同，但在培养目标上有所侧重，仍属于同一层次、不同类型的人才，并不能互相取代。

（二）法学硕士的科研能力培养

第一，培养科研能力。法学研究及其实践并非仅仅是简单的逻辑推理、演绎和归纳，而是一项富有创造性的工作。创造性指的是在特定的动机推动下，从事创新性活动的个体思维能力，也可称之为创造性思维或创新心理。在信息时代和法律迅速演进的环境下，法律法规的变化和知识的更新频繁不断，教师的责任不仅在于向学生传授基本法律知识和法学观点，还需要培养学生的法律思维能力。吸纳研究生参与导师的研究课题成为培养研究生科研能力的有效途径。在研究生三年制课程中，至少有一年时间应用于科研活动。许多研究生在导师的指导下独立从事科研工作，有的还有机会参与国家

---

① 陈伟. 法学学术型硕士研究生实务能力培养探究 [J]. 朝阳法律评论，2015（1）：208.

第四章　法学教育人才培养模式

重大科研课题，这些研究生已经成为众多科研项目的核心力量。

第二，关于选题的方法。法学硕士研究生主要通过阅读和调查研究来积累知识，不断总结和归纳已有知识和法学研究趋势，结合自身思考形成新观点，以期达到理论创新，课题的选择更加注重创新性和前沿性。

第三，科研的要求。只有当研究生的学业水平达到国家规定的学位标准时，方可向学位授予机构提出学位申请。硕士研究生的高质量调查报告（如案例研究和立法研究等）应当被视为完成了科研工作的一部分。在毕业论文的评审过程中，法学硕士研究生应特别强调创新性，注重学术水平和科研能力。

第四，课题的组织。一方面，需要对研究生参与课题提出明确而严格的要求，确保其所做的研究切实地、客观地反映研究对象，以保证数据的准确性、论据的可靠性、推导的合理性、引文的来源清晰性，从而形成有质量的研究或调查成果；另一方面，应倡导独立思考和自由精神，为习惯于"师授学录"的研究生创造一个宽松和谐的学术环境，鼓励他们自主发挥创造性。

二、法学博士的人才培养

法学博士是法律教育体系中的博士学位，现代法学院的博士学位趋向于强调合乎科学的法律研究。法学博士生教育以培养高等教育和研究机构的教师或研究人员为目标；以对经典著作的研读和讨论为主要授课方式；以学术论文的发表和毕业论文的写作为主要评价标准；是一个张扬学术自主性和彰显学术研究性的过程。

第一，法学博士人才的培养目标。博士学位获得者须在本门学科上掌握坚实宽广的基础理论和系统深入的专门知识；具有独立从事科学研究工作的能力；在科学或专门技术上做出创造性的成果。

第二，法学博士的学制分析。一般法学博士修读期最少为三年，须修完一定学分的指定课程并在通过博士生资格考试后。学生须撰写一篇博士论文并通过论文答辩，获得学院的认可后便能够获得法学博士学位。在入学要求上，各院校规定不一，较常见的是要求申请人为必须拥有法学硕士学位或完成法学硕士学位课程的应届毕业生。

第三，法学博士招生的专业。法学博士研究生主要招收法律专业硕士，分为法学理论、法律史、宪法学与行政法学、刑法学、民商法学、诉讼法学、经济法学、环境与资源保护法学、国际法学等专业，主要培养面向法律教学、科研和实务部门的专门人才。

第四，法学博士的学位认证。博士学位是标志被授予者的受教育程度和学术水平达到规定标准的本专业最高学识水准的学术称号。在学士学位、硕士学位和博士学位三种学位中，博士学位是最高的一级。

我国的博士学位由国务院授权的高等学校和科研机构授予。高等学校和科研机构的研究生或具有研究生毕业同等学力的人员通过博士学位的课程考试和论文答辩，成绩合格，达到规定学术水平者，可授予博士学位。

第二节 辅助型法学人才培养模式

建设社会主义法治国家不仅需要一批高层次法律职业人才，还需要大量的基层法律工作人员、法律辅助型人才。尤其是随着社会矛盾多元调节、劳动争议调解、社区矫正和帮教安置、社区乡镇基层组织服务管理等体系建设一系列新举措的出台，我国法治建设、维护社会稳定工作已深化延伸到社会的方方面面，初步形成政法部门专业化分工与社会化服务管理相互联系、相互统一、相互依托的新的紧密型工作格局。高职法律教育的培养目标就应该定位到这些领域。近年来，我国法律教育快速发展，为社会培养了大批基层法律工作人才和法学辅助人才。通过人才培养模式的改革创新，可以提高法学辅助人才培养的需求符合度和质量，提升毕业生的就业竞争力。

一、辅助型法学人才培养的价值功能

法学辅助人才和其他高技能人才相比，不仅具有较强的职业岗位技能，还要有良好的法律意识、社会责任、职业精神。"德、法、能、技"四要素相互联系，相互促进，重点培养学生的法律职业素养和处理法律辅助性岗位一般性事务的职业技能。

（一）品德为先

坚持"育人为本，德育为先"的方针，把立德树人作为人才培养的根本任务，建构起具有法学辅助人才培养特点的思想道德教育体系。坚持以社会主义核心价值体系为基础，突出政治品德和法律职业道德两个重点。不但要培养学生的诚信品质、敬业精神和责任意识，还要结合应用法律人才素质特点，培养学生树立追求真理、维护正义的崇高理想，牢记忠于祖国、执法为民的职业宗旨，坚定弘扬法治、忠于法律的信念。

（二）学法为实

按照"学法为基、知法为本、守法为尺、用法为度"的原则，在教学中突出法学基础理论和法律知识在实际工作中的针对性、实用性，为学生将来从事实际工作奠定坚实的基础。因此，专业教学要紧紧围绕和针对职业岗位的需求来组织和实施。

第一，专业基础课以"必需、够用"为度，不追求理论的系统性和完整性，保证学生掌握适应不同岗位必要的基础知识，达到对基本法律原理和条文的理解、掌握，能够适应辅助性法律职业群的不同需求。

第二，在专业课方面，以实际应用为重点，以讲授实用性较强的专业课为主。通过这些课程的学习，培养学生理解和应用部门法律的能力，分析判断法律关系的能力和逻辑推理能力，熟练的法律文书制作能力和分析能力。

第三，根据专业特点进行教学内容改革，打破传统课程之间的界限，舍弃与专业方向关联不大的内容，对传统的基础课与专业课教学内容进行必要的选择、提炼，整合后形成新的综合性课程。既保证专业知识的连贯性、融通性，又突出实用性、实践性，降低理论难度，突出相关专业的特点。

（三）能力为本

注重学生的能力培养，形成以关键能力为核心、专业能力为重点、创新能力为依托的综合职业能力结构。

第一，在关键能力方面，重点培养学生的学习能力、动手能力、信息收集处理能力、交流沟通能力、社会适应能力。

第二，在专业能力方面，重点培养学生的政治鉴别能力、法律思维能力、法律服务能力。

第三，在创新能力方面，重点培养学生的观察力、记忆力、想象力、思维力、情感力、意志力。

第四，在对职业能力进行分析的基础上，要结合学校的办学资源和人才培养特色，建立职业能力训练教学体系。

采用互动式、案例式、启发式、专题讨论式等教学方法及一体化教学模式，鼓励学生主动参与课堂教学过程，引导学生独立思考，激发学生学习主动性，培养学生的科学精神和创新意识。坚持使广大学生"受教育、长才干、办实事、做贡献"的指导思想，组织学生开展以送科技下乡、社会调查、青年志愿者服务、大学生社区矫正服务等社会实践活动，培养学生团队合作精神和较强的社会适应能力，提高学生的综合素质。

（四）技能为用

法学辅助人才培养应立足于各类法律辅助和服务性职业的需求，注重学生技能培养的针对性和实用性，强调专业核心技能的培育。重点培养学生包括但不限于档案整理与装订、汉字录入、法律文书处理、当事人接待、办公设备使用、卷宗分析、外出办案等实用技能。首先，针对法院书记员、法官助理、检察官助理的岗位需求，着重提升学生对法律的理解和应用能力，使其熟悉法律程序，并具备一定的中文速录技能；其次，针对法律文秘人员、律师助理的岗位需求，着重培养学生熟悉法律规范，熟练制作各类法律文书，掌握办公自动化系统，并具备收集和运用各类法律信息资源的技能；最后，针对基层法律服务机构的工作人员岗位需求，着重培养学生熟悉法律规范，具备良好的语言表达和沟通能力，擅长调解和论辩，能处理一般性法律纠纷和法律问题。

通过案例教学、模拟法庭等校内实训环节，让学生进行观察、体验，感受职业氛围，增强对未来职业的感性认识，激发其职业兴趣；通过开展社会调查、法律咨询、普及法律常识，开展法制讲座、法律知识竞赛、辩论赛等多种形式活动进行法律实践教育，使我们培养的人才能够很快适应法律职业的实际需要；通过组织学生参加法院庭审的旁听巩固学生所学的专业知识，培养学生的观察力、思考力、分析问题和解决问题的能力；通过学生在公检法机关、律师事务所、社区、监狱、看守所等处实习实训，使学生直接参与实际事务，使其在实践过程中将自己的知识和能力全面融合，形成具有职业特色的综合职业能力。

二、辅助型法学人才培养模式的原则

第一，素质教育原则。法学辅助人才作为法律职业人，应具备高尚的法律职业伦理道德与初级的法律职业技能两方面素质。法律职业伦理道德包括立法为公、执法为民的职业宗旨；追求真理、维护正义的崇高理想；崇尚法律、法律至上的坚定信念；认同职业伦理，恪守法律职业道德的自律精神。而法律职业技能包括初级法律思维能力、法律表达能力、探究法律事实的能力和司法文书的制作能力。

第二，适用性原则。法学辅助人才社会角色的任务在于沟通大众和法官、检察官和律师之间的隔阂，因此法学辅助人才必须是大众化的、本土化的。在法律实施过程中，法学辅助人才密切联系群众，生活在群众之中，深谙中国的国情民情。这有利于弥补法律职业共同体形成后，在法律适用中的结构功能缺失。

第三，经济性原则。法学辅助人才培养的立足点之一在于降低司法成本。法学辅助人才培养的成本应着经济的原则，一方面，要缩短人才培养周期；另一方面，要运用现代化教育手段，发挥网络教育在教育过程中的作用，降低教育成本。利用网络图书馆和网络法律教室降低法律教育的成本。

第三节 应用型法学人才培养模式

一、应用型法学人才培养模式的目标

在实际教育过程中，以提升学生职业素养与技能水平为核心目标之一。

通过构建应用型法学人才培养模式，一方面可以契合学生个性化学习需求，从而提升其学习成效；另一方面能有效培养学生的综合职业能力，进一步增进其就业竞争力。"在进行课堂教学时应该与学习岗位需求、学习特征与其职业规划等相关内容相结合，以学生实际能力开展定向教学提高教学工作的针对性。"[①] 在培养法学人才的过程中构建并使用应用型法学人才培养模式，一方面有助于对法学专业学生的专业素质与职业能力进行培养，另一方面还能提高课堂教学成果，让课堂教学更具互动性。教师可以采取练习法、扮演法等多种教学方式。我们以其中的练习法为例，通过充分训练职业技能，学生可以更为熟练地掌握并运用相关技能。通过高度还原现实工作情境，学生能够熟练地掌握工作技巧。秉持培养实用型人才的教学宗旨，我们致力于在提升学生学习效益的同时，增强其综合素质。通过实施师生协同项目，我们可以有力地提升学生的通用技能，从而实现教育目标。

二、应用型法学人才培养模式的构建

（一）加强实践教学

第一，开展模拟法庭课程：这一课程能够有效模拟实际法庭环境对学生的辩论、辩护、对答以及书写判决书等能力进行有效培养。模拟法庭基于教师的有效指导，以角色分配的方式参加审理，这样学生能够将相应的法律知识和程序法知识有效地运用到具体案件中。学生参与诉讼的整个环节，能够知道实际案件中的审理流程。除此之外，还可以开设"法律诊所"这一课程，将学生带入真实案件之中，以此培养学生在办理实际案件过程中会见事件当事人、揪出案件争点、正确书写诉状等各种法律文书、辩护等诸多方面的实践能力。

第二，开展实际案例教学：这种教学方式能够增强学生理解法律条文和实际应用法律的能力。所谓案例教学是指，学生通过研究与学习大量的真实案例来感悟法律精神实质并掌握基本原则。针对案例，教师将问题抛出，学生进行分组讨论，小组所制定的解决方案一方面要与法律规定相符合，另一

---

① 胡佳艳. 应用型法学人才培养模式探究［J］. 法制与社会，2020（5）：204.

方面还需对其他因素进行充分考虑。然后再采取角色扮演教学的方法,让学生扮演初级律师,将小组的最终成果展现给资深律师,资深律师会对其进行细致评估。这样一来,学生需要自己去了解法律哲学的不同学派,而学生所学习到的知识能够让其通过不同的视角与方法解释法律。

第三,设计URTP[①]研究项目:在有关教师的指导下,学生自行寻找法学领域中的热点问题或是新问题,而且要将问题转化成文字资料。在转化资料的过程中,学生要逻辑思维清晰,要试着应用部门法知识以及法学理论深入分析法律问题并制定科学的解决方案,以此增强自身的抽象思考能力。在毕业实习中,应最大限度地确保学生均有机会进入有关企业的法务部门或是司法机关实习,最好将实习时间安排在两个月左右。要确保在实习对口单位有具体指导人员,这样有助于在实际工作中对学生的各种能力进行综合锻炼。

第四,根据实际情况适当采取翻转课堂教学模式:教师在课前把教学视频、讲座、电子书、课件等上传到教学平台并发布学习任务,学生在课前观看这些资料并完成教师布置的任务。课堂上,教师可以重点讲解学生不太懂或不会的问题,其他简单的知识可一带而过,还可以通过提问、测验等方式检验学生自主学习的效果。这样既可以提高学生自主学习、分析解决问题的能力,又可以促进学生的个性化学习,从而提高教学质量和教学效果。

(二) 通识教育与专才教育的结合

在当今时代,科技持续进步,信息技术日新月异,全球化和国际化进程不断加强,社会快速发展。因此,仅具备专业知识的人才已无法满足社会发展的需求。通识教育注重培养学生在健全人格、人文素养、科学精神以及社会责任感等方面的综合素养。然而,当前许多制定人才培养方案的院校在通识教育方面存在不足。这种人才培养模式导致法学毕业生中许多人正义感、责任感淡化,是非观念模糊,道德素质不高,且实践能力不足,理论联系实际的能力欠缺,创新精神不足。因此,我国高校长期推行的专业化教育模式

---

① URTP,其英文简写的全拼为Undergraduate Research and Training Program,它是为推动我校学生的创新教育工作而在2006年正式实施的一项本科生科学研究计划。

亟待通识教育的融入。

（三）法律专业的考试机制

应用型法律人才的重要培养机制之一就是考试与淘汰制度。考试不仅可以对学生实际学业情况进行测试，还能起到引导学生的作用。在以往应试教育模式下所产生的考试制度更倾向于考查学生掌握的理论知识，因此，学生在学术成绩方面表现优异，但在实际应用能力和综合素质方面却显得不足，这进而对他们的全面素质培养产生了不利影响。从某一角度来讲，法学教育属于法学素质教育，应对考试及淘汰制度进行适当改革从而满足培养应用型法律人才的实际需求。

第一，改革专业考试内容，要将法律运用能力的考核内容提高到50%以上。

第二，优化考试方式，要采取闭卷的形式，根据任课教师的要求与考试内容允许考生在考场讨论。

第三，可以采用考核或是考试的方式检测职业技能课。

第四，对学生成绩的评定方式加以优化，提高评估方法的多样化，以便对学生综合能力和专业知识掌握水平进行客观评价。

第五，制定科学的淘汰制度，可以将年级淘汰率控制在6%之内。

思考与练习

1. 法学硕士的人才培养指的是什么？其培养目标如何定位？
2. 辅助型法学人才培养模式主要有哪些原则？
3. 如何进行应用型法学人才培养模式的构建？

第五章 法学教育实践教学体系

第一节 法学实践教育及运行

一、法学实践教育的目标与功能

（一）法学实践教育的目标

1. 传统法律人才教育的目标

关于我国法学教育的培养目标，各界尚无统一共识，包括通识教育目标、职业教育目标以及精英培养目标等不同观点。通识教育目标主张提升学生的全面素质，将法学能力作为教育核心，认为高等法学教育人才应不仅精通自然科学和人文社会科学知识，同时也需要对法律知识了如指掌。职业教育目标则认为，培养法律职业人才作为高等法学教育的终极目标，着重训练学生掌握实践技能、法律理论知识以及运用法律解决现实问题的能力。另一项精英培养目标的观点则是，法学人才的培养旨在为律师事务所、司法机关等法律实践部门提供服务，这些人才需要具备高尚的道德品质，熟练掌握法律理论，并具备法律专门知识和技能。

如今，在多数学校课程设置中，精英教育占主导地位。实践课程以辩护、检察、审判业务为主要内容，侧重于职业教育，有利于学生就业。在通识教育方面，则通过自考、辅修、公共选修等方式为学生提供自学拓展的机会。法学教育方式存在相互融合、互相促进的关系。总而言之，就是要培养法学人才必备素质、拓展素质。必备素质包括深谙法学伦理、具备实践能力、通晓法学理论，拓展素质则包括涉外能力、熟悉相关学科知识等。

在有些专家看来，有机结合素质、能力及知识是法律人的职业性所在；另一些专家则认为，法学本科教育须完成三大任务，即培养学生的综合素养、职业素养及法学素养。在法学人才培养方面，人们从各种角度界定了人才所需要的素质，但共识就是，法学学生需具备一定的实践能力。建立法学实践教学目标须匹配相符合的法学人才培养目标，而构建法学本科实践教学的系统模式和科学目标，须以法学人才的素质、能力、知识以及职业素养、综合素养及法学素养为依据。

2. 政策法律人才教育的目标

对于我国法科学生而言，仅有一定的知识储备是不够的，还应当具有法律职业人的综合能力。所以，法学教育改革的硬性目标是培养应用型法律人才。对法律复合型人才的培养须满足法律人才拓展素质的要求，不过在各相关政策中并未对拓展科目内容进行硬性规定，更没有将其纳入考核体系，多数拓展科目还是基于学生能力及各院校办学实力自行选择。而各项政策重点关注的是应用型法律人才的培养，将加强法学实践教学，并以此作为弥补法科学生实践能力的重要途径。

实施卓越法律人才教育培养计划的重点是培养应用型、复合型法律职业人。

(1) 适应多样化法律职业要求。为深度衔接法学教育和法律职业，须遵循宽口径、厚基础的原则，对学生进行法律职业伦理教育的强化培养，使学生的法律实务技能得以强化。通过培养学生掌握法学及相关学科的知识，提升其解决实际法律问题的能力。

(2) 针对涉外法律人才，需以复合型、应用型法律职业人才培养方式为突破口，使其成为通晓国际规则、具有国际视野、维护国家利益、参与国际法律实务的人才，满足对外开放及世界全球化、经济全球化的发展需要。

(3) 将培养复合型、应用型法律职业人才作为培养西部基层法律人才的着力点。以政法人才培养体制改革作为基本点，面向西部基层政法机关，培养一批能够"下得去、用得上、留得住"的、具有较强实践能力及奉献精神的基层法律人才，满足西部跨越式发展及长治久安的需求。

（二）法学实践教育的功能

1. 道德教化功能

"法学教育，它不仅是单纯的知识传授和学术培养，而且是一种职业技能的培训，司法工作不仅要具有丰富的法学理论知识，还必须具备熟练地运用法律手段化解纠纷的技能和素质。"[①] 法学作为一门特殊的学科，在教育教学方面更加强调对学生道德素质的培养，而法学的实践教育活动更具有道德教化功能。无论从事哪个行业，都要具备一定的职业道德素质与职业操守。而对于将要从事法律工作的法学专业的学生来说，除了要具备过硬的专业知识技能之外，更重要的是要有公平公正的职业操守和相应的职业责任感，积极维护当事人的合法权益和社会的公平正义。

当社会中出现纠纷时，在非诉讼的调解机制不能将其化解的情况下，以诉讼程序解决纠纷、避免社会冲突的发生无疑是最佳的途径。但是，如果诉讼过程中，各个法律参与者都缺乏职业道德，那么整个社会就会进入一种无序的状态，通过司法的手段化解矛盾的目的也就无法实现。

当前，我国从事法律工作的人员，包括法官、检察官、律师和法律代办等，他们中的一些人可能仅仅是接受过一定的法学方面的教育，并没有取得法律执业资格证书；更有甚者没有接受过相应的法学专业教育，仅依靠自身在该领域较长时间的工作经历和较强的关系网络来处理一些法律方面的事务，这就导致法律从业人员的素质良莠不齐。学生时代正是一个人世界观和价值观形成的关键时期，如果我们能在法律专业学生的培养过程中设置实践教育环节，让学生在学习过程中接触到具体的案件，通过实践活动去体验法官、检察官、律师、当事人等不同的角色，激发他们维护社会公平正义、化解纠纷的决心，潜移默化地提升他们的道德素养，那么我国法律工作界所面临的从业人员道德素质不高的问题便可以得到很好的解决。

---

① 王生华. 论实践教学在民族地区法学教育中的创新［J］. 当代教育理论与实践，2016，8（2）：47.

总之，从长远来看，法学实践教育的道德教化功能对于提升法律人才的道德素质是非常重要的。

2. 转化功能

实践是检验真理的唯一标准，认识对实践活动又具有能动的反作用，法学的教育亦是如此。法学的理论教育与法学的实践教育是相互依存、相辅相成的。法学的理论教育是法学实践教育的前提，只有经过大量、充足的理论知识的积累之后，才能在之后的实践活动中做到有的放矢。

相比于具体的自然科学，学生对抽象理论知识的理解更加困难。具体的实践活动有助于学生理解所学的理论知识，能将学到的理论知识转化为他们的具体操作能力。在现实生活中，法律从业人员接触到的事务要比书本上的内容更加复杂，格式化的思维方式不能适应生活中千变万化的法律事务。在强调客观公正的同时，也对法律工作者的灵活性和创造性提出更高的要求。

学生可以通过实践教育将所学到的理论知识运用在具体的事件中，进行分析、判断、处理，将所学的理论知识转化为自身的业务能力。在模拟庭审的过程中，假如学生作为被告方的辩护人，就需要与原告及其辩护人进行答辩、举证质证、互相辩论。在这一过程中，学生必须运用所学的专业理论知识，同时考虑事件的特征。对于学生来说，他们收获的不仅仅是对事件本身的思考，更是能够将学到的知识转化为实践的能力。

3. 调整功能

在传统的法学理论教学的模式下，法学教育以书本的理论知识为主。对学生来说，这些理论仅仅是存在于书本上的，对现实生活并没有太大的影响。而法学实践教育更关注学生作为主体在实践活动中的作用，强调师生之间的一种平等的主体地位，将对学生的技能训练摆在首要位置，及时对传统的教学模式、教学方法、教学体系进行调整。虽然当前在这方面还没有取得较为突出的成就，但相信通过不断的改革，法学实践教育最终将会体现其独特的价值。

二、法学实践教育教学及其运行

(一) 法学实践教育教学的模式

法学专业与其他的人文社科专业不同,该专业既注重培养学生的人文素养和专业知识,又重视学生实践能力的提升。因此,全球范围内的法学实践教学大多数都采用"嵌入式+集中式"培养方案,既充实了学生的知识储备,提升了学生的综合素养,又增强了学生的实践能力。

我国法学本科专业教学,既要培养学生的法学素质和知识基础,又要增强学生的实践能力,在短短的四年时间内完成这些任务,不仅时间过于紧凑,而且培养出来的法律人才与"嵌入式+集中式"人才相比,能力方面也无法完全符合要求。要想改变这一状况,应针对我国当前的法律人才培养模式缺乏合理、科学设计这一缺点,在原有教学模式上不断进行改革与完善。应重视法学人才的基础实践技能培养,通过构建法律知识教学体系以夯实学生的知识储备,再借助职业教育等一系列手段提高学生理论联系实际的能力。

第一,要在已有的集中式教学基础上加强嵌入式教学。集中式教学侧重于学生的知识获取,而将实践教育嵌入到课堂教学中,有助于学生在学习知识的同时培养自身的职业技能。我们可以将本科四年的学习内容划分为前三年的专业认知学习、应用技能学习和实践学习,以及最后一年的理论实践研究与知识综合应用。其中嵌入式实践教学是关键要素。在三年的系统学习之后,提升职业技能是具备法学基础知识的法律专业学生须要完成的重要任务。引入其他专业领域的知识来丰富实践教学内容,有助于提高学生的综合素质。以专业法律理论教育为基础,以嵌入式实践教学为核心,帮助学生在理论水平和实践技能方面取得进步,培养出素质高、职业技能强的法律专业人才。

第二,在实施嵌入式教学的前提下,要考虑回归到集中式教学。法学专业学生在完成三年的系统学习后,需要在第四学年,也就是毕业前的最后一年,重新投入到集中式的知识培养和技能锻炼中,以融合能力实践和认知实践，实现从认知、实践到再认知、再实践的循环转化。由于已经掌握了基础理论知识，通过国家司法考试的法学专业学生在最后一学年可以获得更多的法律实践机会，这有助于他们在法学实践中完成理论与实际的紧密联系。然而，由于时间有限，学生在实践活动中综合运用法律知识，或者将实践经验转化为理论知识时，还有许多任务需要完成，因此仍然有很大的提升空间。重新审视"嵌入式+集中式"法学实践教学模式，我们可以发现，已经掌握了基础理论知识的法学专业学生已经具备对法学专业的基本认知，能够在实践中应用法学专业知识，具备从事法律职业实践的基本技能。分阶段的集中式教学有助于提高法学专业学生的实际操作能力、认知能力和综合能力，使他们成长为素质高、专业技能强的法律人才。

（二）法学实践教育教学的形式

1. 模拟法庭

所谓模拟法庭，是指教师组织学生就诉讼的中心环节——开庭审理部分进行模拟和再设计的一种实践性教学方法，扩大其框架则将它可以归入角色扮演的实践教学方法。

模拟法庭的角色组成常常包含律师、法官、当事人和书记员等，其本质是依托假想环境提高真实事件还原、锤炼真实行为能力。随着教学工作的深入，该手段的主体任务要求已经发生深刻变革。简单来说，就是从"流畅的庭审流程"转变为"实体辩论、实质对抗、实际运行"。学生进行角色扮演时，需要更加深入地了解角色定位，真正立足角色身份特征、紧扣案件庭审需求，依托心理窥探、行为分析、信息判断等手段，从政治、道德、经济、社会等多个维度进行实操，这对"法官"的组织力和"原被告"的分析辩论能力进行充分锻炼。

模拟法庭的教学方式始终起到为教学增添活力、感染力的积极作用，有利于提高课堂效果。"法学实训课程和模拟法庭训练作为高校法学实践教学的核心体系，应当明确各自的定位和目标，有效发挥各自的优势，互相促进，形成有机整体，共同推进高校法学实践教育向前发展。"①

2. 课外实践

（1）法律援助作为实践教学的补充

法律援助在实践教学中发挥补充作用的特点。法律援助活动的主导模式为学校法律援助机构。此类机构以政府法律援助机构为核心，辅以民间公益组织，充分利用各校知识优势构建，其主要目的在于解决法律援助与法学实践场所之间的供需失衡问题。当前，我国学校法律援助机构具备以下特点：

第一，灵活性。学校法律援助机构运作灵活，基于其民间社团的性质，它拥有非营利性的公益性，且知识实力雄厚，筹集资金渠道不仅有政府的拨款，还可以从各种渠道获得，是一种多元而灵活的援助形式。

第二，人才优势。与其他社团法律援助机构相比，学校的优势显而易见。学校法律援助机构既有经验丰富的专家教授，又有热血奋发的学生，他们纯洁、正直、无私、公正，在大众心目中留下了深刻的印象。

（2）法律援助活动发展的完善

法律援助活动在我国的发展历程中，经历了从无到有、从弱到强的不断壮大过程。随着社会法治意识的提升和法律制度的不断完善，法律援助活动在保障公民权益、维护社会公平正义方面发挥着越来越重要的作用。为了进一步推动法律援助活动的完善和发展，我们需要从以下方面进行努力：

第一，加强法律援助制度建设。法律援助制度是构建法治国家、法治社会的重要支柱。我们要不断完善法律援助相关法律法规，建立健全法律援助工作规程，确保法律援助工作的规范化、制度化。此外，还要强化法律援助的经费保障，提高法律援助的服务质量和效率。

第二，扩大法律援助范围。随着社会矛盾的多样化和复杂化，法律援助的范围应逐步扩大，覆盖更多的人群。不仅要关注弱势群体，还要关注中等收入群体，让更多人享受到法律援助的保障。此外，要加强对新业态、新领域的研究，及时跟进社会发展的需求，为更多群众提供专业、高效的法律援

---

① 曹锦秋，郭金良. 高等学校法学实践教育创新研究——从实训课程与模拟法庭的关系视角切入[J]. 辽宁大学学报（哲学社会科学版），2018，46（4）：186.

助服务。

第三，提高法律援助队伍素质。法律援助队伍是法律援助活动的核心力量。要加强法律援助队伍的培训和教育，提高法律援助人员的政治素质、业务能力和服务水平。同时，要完善法律援助人员的激励机制，吸引更多优秀人才投身法律援助事业，为受援人提供优质、高效的法律服务。

第四，创新法律援助方式。随着信息技术的发展，法律援助方式应不断创新。要充分利用互联网、大数据、人工智能等现代科技手段，提高法律援助工作的便捷性和实效性。例如，开展线上法律咨询、法律援助热线等服务，让法律援助更加触手可及；推进法律援助与司法调解、人民调解等多元纠纷解决方式的融合，形成全方位、多层次的法律援助格局。

第五，加强法律援助宣传推广。提高法律援助的知名度和影响力，是推动法律援助活动发展的重要途径。要充分利用各类媒体，积极开展法律援助宣传，让更多人了解法律援助的政策措施和成功案例，提高社会对法律援助的认同感和信任度。同时，要加强法律援助志愿者队伍建设，发挥志愿者在法律援助宣传推广中的积极作用。

（三）法学实践教育教学的运行

1. 法学实践教育运行中的学分制管理与学制

学生作为受教育的主体，在很大程度上由于"有限理性"的存在，对实践教育这一环节的重要性认识不足，因而需要通过制度化的规定来实现实践教育目标。通过在实践教学环节中设置一定比重的学分值，对学生造成相应的压力，能确保实践教育的高效实施。

在我国，法学实践教育主要在本科及研究生阶段。在学生进入大学之前，他们所学习到的大多是基础性知识，法学方面的知识积累很少。进入大学后，他们既要完成通识教育，又要积累相应的专业方面的实践经验，短短四年的时间对于他们来说是有限的，无法完成超额的任务量。所以，在学习完基础的理论知识之后，他们无法按质按量完成实践环节的技能训练。法律实践这一环节虽然在有的院校中有设置，但由于时间的限制大多流于形式。因此，借鉴医学生的培养模式，将法律人才的培养学制由 4 年延长至 5 年或

6年，为学生完成法学的实践教学环节提供了有利的条件。

学生在掌握了一定量的法学基础性知识之后，才有可能去进行法学技能方面的训练，才有可能将所学的理论知识转化为实践技能。延长学制后，学生将会有更充足的时间在实践中体验、理解法律的规则、原理，最终实现理论与实践的有机结合。

2. 法学实践教育运行中的教学设计

法学虽不同于自然科学，但是就具体实际情况而言，法学在日常生活中是一门应用性极强的学科。当前学校在法学实践教育方面还存在着一定的缺陷，能否运用现代化的教学设计模式与方法成为法学实践教育能否成功的关键因素之一。

（1）法学实践教学设计的功能。法学实践教育要实现跨越式发展，离不开科学合理的教学设计。有效的教学设计能够实现法学实践教育的科学化、高效化。科学的法学实践教育能够从实际的教学情况出发，尊重教学过程的客观规律，尊重学生的学习规律，全面、客观地看待实际运行中出现的问题并加以解决。虽然在法学实践教学活动中也有教学设计这一环节，但就其整体实施状况与实施效果而言，科学性、系统性不足的缺陷仍然存在，法学实践教学活动中的教学设计大多流于形式。甚至部分教师在法学实践教学活动中根本没有进行教学设计，而有些教学设计只是教师根据自己的教学经验主观做出的，或者根据理论课的教学设计经验总结出的教学方案。然而，较为系统、全面、科学的法学实践教育的教学设计对提升法学实践教育的质量是至关重要的，是培养卓越的法律人才必不可少的。

进行法学实践教育教学活动中的教学设计还有利于更好地组织利用所拥有的实践资源。通过合理、科学的教学设计，法律人才培养单位可以根据本地区的具体实际情况，在分析学校学生的特点之后，对实践教育的具体时间和地点、师资力量的分配情况作出判断，真正做到人尽其才、物尽其用，将法学实践教育的作用发挥到最大化。

（2）法学实践教学设计的原则。在法学实践教学设计的过程中，应坚持如下两个原则：

第一，传统教育理论与现代教育理论相结合的原则。该原则强调，法学实践教育者在运用传统教育理论的同时，不能忽视现代教育理论的作用。法学实践的教育者在进行教学设计时要注意对现代教学策略、教学理念的运用，使教学设计能与学生的需求相匹配。许多现代性的教学设计理论也可以引入教学设计，如建构主义学习理论、人本主义、认知理论等。

第二，遵循法学实践教育规律的原则。该原则认为，法学实践教育的最终目的是让学生运用所学到的知识解决实际生活中的具体问题，是培养理论知识与实践技能同时具备的高素质法律人才，其中提升法律人才的专业技能与职业道德是主要目标。

遵循法学实践教育规律包括两方面的含义：首先，在法学实践教学设计的过程中，要遵循本地区特殊的社会环境与实践资源状况。利用好这些社会资源，让学生参与到这一类型的法学实践教育活动中去；其次，在对不同时期的学生进行了解的基础上，对他们的学习能力与学习特点进行甄别，设计出更适合他们的教学方案。

法学作为一门特殊的学科，在实践中还具有较强的学科性和专业性，学生在掌握一定量的专业基础知识之后才能对案件作出合理的判断的。不同年级的法律专业的学生在法律方面的知识储备量和法律事务方面的经验是不同的，所以，在教学设计过程中一定要充分考虑学生的实际情况，选择适合他们的实践方式。比如，可以安排低年级学生参加校内的观摩活动、社会调查等；可以安排中年级学生参加辩论赛、模拟法庭、案例教学等；可以安排高年级即将毕业的学生参加社会实习、担任法律义工等。

第二节 诊所式法学实践教育体系构建

一、诊所式法学实践教育的主客体

（一）诊所式法学实践教育的主体

诊所法律教育关系是由诊所法律教育主体、客体构成的。诊所法律教育主体包括诊所教师、学生和当事人等，他们在诊所法律教育中地位不同，所起的作用也不同。诊所教师在诊所教育活动中"教和学"并重，即在教之中学，在学之中教。诊所学生在诊所教育活动中"学和用"并重，即在学之中用，在用之中学。当事人是诊所教育案件中的真实主体，他（她）为诊所教育提供了真实的教学背景，学生通过这一背景，与社会接触，了解社会的方方面面。

1. 特殊主体：诊所教师

（1）诊所法律教育是教师的挑战与机遇。诊所教师既是法学教育改革的参与者，又是法学教育改革的被参与者，这一特殊地位使诊所教师承担着很大的压力。一方面，在诊所法律教育中，教师不再是整个教学过程中的控制者，学生也不仅仅是被动的知识接受者。学习的共同特性使得学生和教师的关系经常变化。诊所法律教育的方法颠倒了古老的学徒关系，而是在平等、合作的基础上建立起学生与教师之间的良性互动关系。另一方面，教师以往具备的是一种人文知识素养而非一种职业的科学知识素养，法学教育改革促使教师的知识格局也须改革，以实现知识的转型。诊所法律教育对教师的知识结构、教学能力、工作态度及责任感都提出了更高的要求，要求教师具有深厚的法学理论知识，具备丰富的法律实践经验和阅历；要求教师根据法律的变化、学生的需求更新教学内容；要求教师注重社会实际，对社会实际状况保持高度的敏感；要求教师必须对学生负责，了解和掌握学生的情况，以便对学生进行个别化指导。

担任诊所教育的教师大都在法学院从事部门法教学,并兼职律师工作。在以往的教学中,教师考虑比较多的是教案的准备、教学内容的丰富、教学方法的灵活、法律的最新变化、学生对所教法律的理解和掌握,都是从教授者的角度去思考的。其出发点以知识的传授为重心,缺乏与学生的交流、与社会的交流,进而忽略对学生能力的培养。进行诊所法律教育,教师的教育视野有了很大的开阔,不再局限于某一部门法的教学。诊所法律教育建立在培养学生能力的教育理念的基础上,注重法律知识和法律实务的连接,因而诊所教育的教师需要从传统教学模式转向诊所教育模式。面对教育模式转变的挑战,迫使他们更多地关注法学教育的改革、思考法学教育的目的及诊所法律教育的价值等有关法学教育的命题,思考法学教育的社会使命,关注社会对法律人才的需求。担任诊所法律教育的教师应深刻认识到自身所肩负的重大使命,认识到只有积极地迎接挑战,才能提高自我。

(2) 诊所法律教育对教师的要求。

第一,认识自我、突破自我、提高自我。诊所法律教育作为一门法学课程,对教师的素质提出了颇高的要求:备课要紧扣当前实际,要把握法学最新的发展脉搏;课上要尽心尽力,课后还要亲自指导、多方联系等。如何将诊所法律教育这一新的教学模式应用于教学中,如何适应这一新的教学模式、教学要求,如何转变教学观念,这些压力促使诊所教师不断对自己的教育实践进行反思,并及时纠正不适应诊所教育的做法,总结成功的教育经验,从中提炼出某种可供借鉴、蕴含着可供推广价值的精华。

诊所教师应精心准备每次课的内容,课后及时小结,如本次课堂讲授的内容是否合适、学生的反应如何、采用的教学方法是否需要改进等。同时在教学中,教师要注意改变以往以教材为基础,以教师为中心的观念,在授课时不仅考虑教学内容的进度、教课任务的完成情况,而且注意与学生的沟通,考虑学生的需求,根据教学中出现的问题不断改变教学计划。在指导学生办案时,也经常提醒自己要正确处理好与学生的关系。指导教师在办案中只起引导启发的作用,要让学生成为办案的主角,不应以教师或律师的身份对案件评头论足,束缚学生的手脚,影响学生能力的发挥。诊所教师要为诊所法律教育在我国的推广、法学教育的改革作出应有的贡献。

第二,良好的创新能力。诊所法律教育要求教师具有创新的意识、创新的精神,要求教师设计有新意、效果佳的教学方案。它包括确定目标、安排结构、运用方法等一系列环节。教师不仅要胸中有"纲",而且要目中有"人"。在教学中,教师应充分考虑学生的特点,把大纲的共性要求与学生丰富的个性特点有机结合,从而最大限度地实现教学目标的针对性和实效性。在具体的教育实践中,教师应成为学生求知创新的促进者和合作者,通过引导讨论等多种形式使学生积极地参与到教学中来。

第三,责任心和事业心。从事诊所法律教育的教师应具有强烈的责任心和事业心。诊所法律教育把培养学生的职业道德、职业责任作为主要的教学目标之一,这就要求诊所教师率先示范。教师在诊所教育中的一言一行,如对事业的执着、对责任的承担精神,都将对学生产生深刻的影响。

(3) 诊所法律教育中教师的特殊性。

第一,课堂内。诊所法律教育的独特教学方法,决定了其教师与学生角色的独特性。在诊所教育中,教师的角色并非如传统教育中的"主导者",而应为"引导者"与"控制者"。

所谓"引导者",即诊所教师在课堂中并不起主导作用,相反的要引导学生成为课堂教育的中心和主体,课堂教育围绕学生这一中心展开。诊所教师应当在教学中为学生创造出更多自由发挥的空间。教师一般不轻易地就某一问题下结论,而是通过各种提问,引导学生展开讨论、辩论后得出答案。诊所教师还要通过发挥引导性的作用,使课堂气氛融洽、生动活泼、别开生面。事实也证明了,只有在这样的气氛和局面下,教学效果才会理想。

所谓"控制者",在教学过程中,课堂氛围应保持生动与活泼,鼓励学生充分发挥主体能动性,积极参与讨论与辩论。然而,此教学方法亦存在局限,若过于强调灵活性和活跃度,学生可能在热烈探讨中偏离主题,导致教学计划无法顺利实施。在这种情况下,教师应适度把控讨论的主题与节奏,有序组织并串联各发言者的观点,最终进行点评与总结。

第二，课堂外。在诊所实践的过程中，每个办案小组都有一名诊所教师作为指导教师。指导教师并不插手案件，他（她）只负责指导小组成员，只在办案小组的决定会影响当事人利益时帮助学生决策。指导教师仅处于"建议者"的地位。办案小组由学生主持，整个案件都由小组成员办理，教师虽须要回答学生的问题，但教师不应当直接告诉学生答案，而是应启发学生去思考，让学生自己去寻找答案。这样做的原因有三点：①教师所作答案，未必是正确答案。事实上，在各种可供选择的答案中，教师给出的答案仅仅是可供选择的答案之一。教师的答案会影响甚至阻碍学生的思考。②教师说出的答案，很容易被学生忘记。但学生自己寻找的答案会让他（她）留下深刻影响。③诊所应当为学生提供足够的讨论、思考以及实践的空间，因而教师可适当保持沉默，或将学生的问题以启发的方式再反馈给学生，帮助其思考。另外，诊所教师要保证学生在诊所中有充分的时间进行思考、总结，通过对案件进行全面预判和策略选择，但使学生提升自身能力。在诊所中，教师指导学生探索职业价值并培养学生的社会责任感，鼓励学生将社会公益工作纳入职业责任之中。

诊所法律教育加强了教师与学生的合作性质，因为教师和学生均无法知道下一步将要发生的事情。这意味着法律诊所中的教师并不像在传统法律教育模式下那样能够控制一切，而是要与学生一起参与计划，寻找解决问题的方法。

第三，教师对学生练习的评论和工作进行评价。诊所法律教育的一个重要特征就是教师对学生的练习进行反馈。反馈内容包括学生已做过的练习、为该练习所进行的准备以及练习结果。

诊所法律教育评价内容和方式应采取综合化、多样化的标准。评价内容的综合化要求教师在评价过程中做到两方面的有机结合：一是智力和创新人格的结合；二是知识型内容和能力型内容的结合。评价手段有多种多样，具体有以下三种：

一是，个性评价。个性是创造力培养的土壤，诊所教育的评价观要求重视学生的个性，要对学生在接受诊所教育过程中表现出来怀疑精神、独到的思维、丰富的想象力以及强烈的创造激情予以积极评价。

二是，过程评价。对学生参加诊所学习这一过程进行评价，能如实地反映学生在诊所的动态，可以有效地提高学生的创造能力。

三是，内在评价，即自我评价。学生通过对照自身，看出纵向发展的学习动态情况。它能有效地发挥评价的激励功能，从而最大限度地发挥个体的创造潜能。

2. 集权主体：学生

诊所法律教育作为一种全新的教学方法，在实践中得到了学生的大力支持。他们的期盼、要求和热情使教师不敢有丝毫懈怠；他们对诊所课的感想和体会是对教师的鞭策和鼓励，是推动诊所教育进一步发展的动力。

诊所法律教育包含教师、学生等因素，关于教师和学生在教学过程中的地位、作用及其相互关系的争论，一直是教育界争论的焦点问题。教师和学生在教学中都有其自身的优势，同时，也有其局限性。教师作为教之中的主体，学生作为学之中的主体，两者形成的教学互动关系共同作用于教与学之中。

学生是诊所教育的主要角色，是诊所教育的主要对象，又是课程进行中的主要推进者。因此，要发挥学生在诊所教育中的独特作用，须做到以下五点：一是给学生一个宽松的课堂环境。诊所课要以学生参与为主，那么，课堂的环境就要轻松。这样学生才可能在课堂上大胆发言，学生的思路才能放得开。在课堂上教师只须把握讨论的方向，争论的气氛越热烈，越能体现学生的积极性。二是让学生有话题可说。教师可以选择学生自己代理的案件、争议的案件或实践中碰到的问题让学生讨论，让学生们有不同的思考方式，获得不同的思考结果。思想的火花就来自争论，把争议的焦点展现在学生面前。三是让每一个人都有说话的机会。并不是每一个人的发言能力、心理能力都是相同的。因为课堂时间是有限的，诊所课上势必会有一些学生更注重表现自我，更能抓住机会，而不发言或思路慢的学生就失去了机会。作为教学，教师要让每个学生都有所学，把机会给予更多的学生也有利于整个诊所教育质量的提高。四是多做模拟谈话的练习。

对学生而言，模拟练习是新鲜有趣而又有挑战性的，在这种练习中，学生更喜欢表现自己，更积极、更轻松，也更投入。模拟练习是课堂的主要组成部分，也是发挥学生最大的积极性的方式。五是给学生足够的实践机会。学生们课堂讨论得再激烈，最终也是理论性的。让学生尽早加入实践可以跳出纯理论的束缚。

（1）诊所法律教育对学生的要求。在诊所法律教育中，学生的地位与其在其他法学教育课程中不一样，学生是诊所教育的主体。诊所教育以学生参与为主，无论是模拟练习、课堂讨论还是代理案件都以学生为中心，学生的自我参与意识是否强烈是诊所教育能否取得预期效果的前提，事实上，这也是诊所教育的最大特色。

诊所法律教育对学生也提出了更高的要求，学生将由被动地位转为主动地位，由单纯接受知识转为有创造性的智力探索。它将学生从在以考试获取高分为目标、背书、背笔记、背条文的机械学习方式的桎梏中解放出来，转变为以适用法学理论和处理案件为目标的能力的锻炼。在诊所教育中，学生应发挥主动作用，具体要做到以下两点：

第一，每一位学生都必须在课堂上保持很高的热情，只有积极地加入课堂练习、讨论，合理地吸收其他学生的意见，正确领会教师的上课意图，才能得到良好的效果。加入诊所学习的学生必须牢记：自己的主观能动性是决定自己在此门课程中能否取得预期学习效果的关键因素。诊所的教师不会像其他课程的教师那样一遍遍地灌输理论知识，因而积极地参与就显得尤为重要。

第二，学生在课堂外的实践意识也是决定其是否能发挥主体地位的关键因素。诊所课程的一个重要环节——代理案件，是完全需要依靠学生去实践的，无论是会见当事人、调查取证、形成代理意见或是出庭代理、调解，都需要学生亲自参与，教师是不可能跟在学生后面去督促的。因此，学生的实践意识成了诊所案件教学能否成功的一个关键因素。对于那些习惯于教师领路的学生来说，认识到这一点更显得重要。

(2) 学生在诊所法律教育中的作用。

第一，发现问题。诊所学生在课堂学习、参与诊所活动时能够发现问题，并将其提到课堂上作为教学素材，让全体学生获得进步。

第二，解决问题。诊所法律教育教学中没有标准答案，答案不在教师，而在学生自身的体会与探究。诊所教育给学生提供一种认识、分析和解决实际法律问题的模拟和实战机会，诊所教育学习的最后结果往往是要找到解决法律问题的一个或一套方案。学生为了得到这样的答案会像职业律师或法官那样认真分析案由，找到法律上的争议点，确定适用的法律，最后对案件作出判断。学生在寻找解决问题途径的过程中实现了自我成长。

第三，学习的反作用。学习是学生的天职，在诊所课程中，完成学习任务是学生的主要工作，但是，法律诊所教育是一种师生共同参与、互动式的教育模式，因而学生除了接受教师指导、自己学习之外，还可以反过来对诊所的整个教育模式和诊所教师产生影响，可以说是学生对课堂的反作用。

一是，学生影响教学重点。诊所课的主导实际上是学生，教师的作用是指明一个方向，中间的过程全是由学生自己完成的，这实际上是由学生的行为决定了每一节课的具体内容。比如说，教师提出这节课的专题是谈判，那么余下的时间分配就根据学生的学习情况而定了。学生这种对课堂重点的操纵完全是无意识的，这源于他们对自身在这方面的掌握程度尚感不足，认为有进一步关注和提升的空间。在教师的引导下，学生对课堂教学重点的反向作用能够有效提升教学效果。

二是，学生开拓教师的思路。每一个教师在教学时都会有一套完整的教学方案，但是诊所教育需要学生的加入，这种不变的教学方案是不能适用的，因为世界上总有第二种观点，第二种理解。学生可能会有一种全新的观点，或是对已有理论有一种全新的理解，甚至对法律的运用角度是新的，这些新见解将为教师打开更广阔的思路，为以后的教学提供帮助。

第三，诊所法律教育对诊所学生的影响和促进。

一是，自信心的增强。诊所教育在教学中能够为学生创造出更多的学习空间，给了学生思辨、阐述的机会，增强了学生的自信心、独立性，培养了学生独立的人格。学生在诊所教育中是独立的，应该有独立的思考能力，有独立的发言权。在教学过程中，教师通常是以启发式提问或引导式提问的方式使学生不受答案的影响，主动根据自己的经验、常识、知识去思考。一切在学生面前都是未知的，没有束缚，没有压力，可以任其驰骋思绪。在这一过程中，指导教师不会控制学生的发言，只会对提出的新问题加以理论的分析与引导，找出分歧的关键，让学生再思考、再讨论。

二是，体验法律职业者的责任。诊所教育给学生的第一课就是责任。诊所学生时时刻刻都想着当事人需要得到帮助，他要为当事人谋取最大的利益。学生第一次感到了这种责任带来的压力，因而要想方设法地寻找解决问题的途径。当学生最终完成这项任务时，将获得一种自我肯定式的满足感和成就感。

在练习的时候，学生会先选择难点进行分析后再发表看法，应多思考，多注意细节。在为当事人代理案件时候，则更须加一份谨慎。因为，诊所学生不但代表当事人，也代表着整个法律诊所的形象。责任感，不但是办理案件时所必须具备的条件，也是个人素质的体现。诊所教育能够培养学生的责任感，学生自然也以为诊所、为当事人负责的态度来回报。职业责任和职业道德不是靠灌输的，而是一点一滴积累的，诊所法律教育为学生创造了这种积累的环境。

三是，服务社会、奉献社会精神的加强。法律诊所办理的大多是法律援助案件。法律援助是一项社会事业，它所能教会学生的不仅是知识，更是一名法律职业者应具有的职业道德和职业责任，以及对社会的奉献精神。在学生为社会弱者提供法律服务的过程中，充分体现了把爱心献给社会、把法律的正义带给公众的精神，这是其思想境界的一种深化和提高。

（二）诊所式法学实践教育的客体

诊所法律教育客体主要指学生在诊所法律教育中的活动。诊所法律教育作为一种新型的教育方式，与传统法学教育之间有密切的联系。学生在满怀热情接受诊所教育的同时,教师也不可放弃传统的教育方式,而要把两者结合起来。按传统教育模式学习是学生积累知识的最快途径,而诊所教育则可促使学生运用知识,检验所学。法律诊所教育的过程是教师和学生相互配合、相互学习的过程,如果只有教师单方面的讲述而没有学生的响应,那么诊所课程的目标是无法实现的。在诊所课程中,学生必须投入大量的精力去感受,理解,学习,思考,实践。

1. 诊所学生在诊所课程中的活动

诊所教育分为课堂教育和实践教育两部分,实践教育是指让学生亲自代理简单的案件,从中领会、掌握代理诉讼的技巧。课堂教育是实践教育的基础,是指在教师的指导下通过模拟教学的形式,以促使学生学习、思考、再学习、再思考的方式掌握知识要领,为实践活动作好充分的准备。同时,学生也将信息反馈给教师,实现教学相长。对学生而言,学生的学习过程被分为自我学习、相互学习、自我评价、相互评价四个部分,这四个部分是相互渗透、相互补充、相互促进的,这也是诊所教育将学与思融合的过程。

(1) 自我学习。自我学习主要是指学生通过阅读资料和查询相关著作做好相应的准备工作,并独立地依靠诊所课的教材,又使用超出材料进行学习的方法。自我学习中得到的知识虽然是有限的,但是这些有限知识的铺垫能使学生更加容易接受并配合以后的教学,自我学习主要表现在以下三个方面:

第一,阅读分析作业指导。诊所教育的每一个过程都与实践相联系,诊所的每一次作业都是实践中遇到的一个问题,对作业的思考就是对实践的思考。通常在诊所教育的第一节准备课,即学生之间的面谈练习以后,教师就会把大家编成小组,下发作业内容。有的同学扮演当事人,有的同学扮演律师,还有的同学以观察者的身份观察别的同学的交流演练。拿到哪一种角色的学生都要去看自己的作业内容。作业的第一部分会把虚拟的当事人与案件相关的情况介绍一下,要求学生熟记自己所扮演角色的内容。作业的第二部分内容是教师指导,教师会提醒学生注意在律师面前的表达以便融入角色,扮演哪一种当事人的学生都要注意说话及思考方式,而扮演律师的同学则在作业中被提醒要注意问话的方式、内容、行为态度等问题。

学生拿到了作业及作业提示以后，就进入了自我学习的第一个阶段：阅读并分析。教师在作业中给了提示，但是提示只涉及问题的一个方面，不是解决问题的具体方法，学生必须自己分析问题的关键。比如一个扮演又贫穷又没文化的当事人的学生，要站在当事人的角度想问题，他应该思考扮演角色时说话应该思维混乱，有些关于隐私的内容须要省略，对自己不利的东西也不要说。而扮演律师的学生在看了教师的提示以后，至少应该想到自己的礼仪、态度、语言等几点问题。虽然学生多数都没有律师经验，能够分析出的情况及要点很少，但是自己已经开始思考了，这是影响传统教学的第一步，也是关键的一步，这已经改被动学习为主动学习了。

第二，寻找查阅相关资料。学生应当去寻找相关的资料，为自己做更充分的准备，这是学生自我学习的第二个阶段。在这个阶段中，学生需要通过查阅相关资料取得更多信息。比如扮演律师的学生可以找与律师实务相关的资料，一个没有任何经验的学生只能够想到要给当事人干练、严肃、热情的感觉，但是更深一层的问题是无法想到的。比如律师的具体询问步骤、问话技巧、为分辨当事人、陈述内容的技巧等是无论如何都无法凭空想出来。那么，书本就是最好的信息来源。从书本上，学生可以知道问话有直接式、开放式，又可以有谈心式、询问式、迂回式，各种方式针对不同的人的不同情况。到这里，学生一定会有一种豁然开朗的感觉，会非常兴奋地要把所有的知识都熟记吸收。这时候的学生，与分析思考作业之前相比可以说已经有了一个量的飞跃，或许学生自己并没感受到，事实上他们已经学到知识了，这是掌握理论知识的重要途径。

第三，课堂模拟。诊所教育尤其重视实践的作用，因此诊所的课堂上也有许多模拟实践的内容，这是学生发现问题的阶段。学生已经通过自学的方式得到了大部分的理论知识，这些知识就要在课堂模拟中被运用。运用的过程是自我学习的第三个步骤。课堂模拟是学生对理论运用的第一次探索，意义非凡。这是学生尝试运用理论的过程，也是学习如何运用知识的过程。

(2) 相互学习。诊所学生相互学习是弥补自身不足的方法之一。相互学习的途径有两条：一是从自己的搭档那里；二是从共同扮演同一角色的同学身上。另外，相互学习是建立在课堂模拟基础之上的，以课堂实践推动理论知识的理解与运用又是相互学习的优点之一。在学习的过程中学生需要反思，反思一方面可以让学生了解自身的不足，又可以促使学生提高自己。在诊所教育的过程中，反思体现在自我评价和相互评价中，有所做就有所思，评价与学习是密不可分的。学习是评价的基础，评价是再学习的指引。

（3）自我评价。自我评价的过程是学生对自身状况进行分析并得出结论的过程，是学生找到不足、弥补不足、继续学习的方法。自我评价的内容包括两方面：审查自己知识上的不足，以及怎样提高。

第一，明确已知。要了解自己的学习情况，学生必须认准自己的位置。明确已知是为了让学生发扬自己的长处，促使学生不断地运用已经掌握的知识体系，逐步改变呆板运用法律知识的能力。

第二，找出差距。如果说明确已知这个过程在学生自我评价的过程中不是一个明显的阶段，那么找出差距就是自我评价的中心所在了。找差距是建立在对自己和别人都有一定了解的基础上的。诊所的课堂上有很多给学生之间相互了解相互沟通的机会，每一次模拟练习做完以后，学生都被要求谈谈各自的想法和做法。

第三，找准目标。找准目标是自我评价的最后一个阶段，与再学习是紧密相联的。找准目标是再学习的前提。在接待当事人的过程中，有的学生未作任何表述便径直提问，而另有一位学生先行自我介绍，再者，有一位学生在自我介绍后还主动为当事人倒了一杯茶。在面对相同的问题时，每个学生的应对方式各有千秋。求学者应当以最大差距为基准，一次性实现目标可以避免许多曲折，尤其是在思考方法和实践运用方面，确立一个优质的目标至关重要。

找准目标还要找到实现目标的途径。我们把学习方法称为理论，学习过程称为实践，理论是用来引导实践的。找准正确的方法是高效学习的条件之一。如果同学发现自己的知识基础不好，就需要在理论方面进行补充；如果在运用方面有问题，就得多模仿、多实践；如果在思考方式上有问题，就得多观察、多理解，以求能多角度、多层次地考虑和分析问题。明确学习方法可以少走很多弯路，又可以在相同的学习时间内吸收更多的知识与技能，起到连接自我评价与自我学习之间的桥梁作用。

（4）相互评价。相互评价是指学生们在一起，针对某个学生的某一个问题一起讨论，说出自己的理解，进而得出共同的结论，大家一起提高。相互评价的意义在于这是一个诊所学生共同参与的活动，一起思考，一起学习。

相互评价的方式丰富多样，首先需"识别问题"。通常在模拟练习结束后，教师会引导同学反思自身行为，并通过比较分析，自我指出存在的问题；其次是邀请观察员或模拟搭档对被观察者的表现进行评述。然而，仅识别问题并非相互评价的全部内涵，还需包含"解决问题"的环节。学生在提出问题的同时，便能引导全体同学共同思考该问题，集思广益，这正是相互评价的显著特点。

相互评价的最后一方面是要求学生把自己的经验和心得拿出来与大家分享，这是诊所学习团队精神的体现。经验的交流穿插于每一次发言之中。学生解决问题的方法就是自身经验与知识的运用。做得好的学生可以就其特长专门向大家讲述，以供大家学习；也可以让大家对自己的方法进行补充，对自己而言也有提高。

2. 诊所学生在民事诉讼中的活动

（1）选择处理案件的方式。学生在接到诊所分配的案件以后，需要决定处理案件的方针。并非所有的案件都要进入诉讼程序，很多情况下以非讼方式解决问题对当事人更为有利。因此，学生就要先分析案情，根据不同案件的具体情况决定处理方式。

第一，谈判交涉。谈判解决问题不是件容易的事，但是很多时候争议双方当事人都愿意相互让步，达到妥协，既取得利益又避免诉讼之累。学生要依据当事人的意愿，以最小的代价换取最大的利益。

第二，调解适用的场合。调解大多是考虑到双方的感情，诉讼会激化双方的情绪，使本来容易解决的问题变得困难，给委托人带来损失。

第三，其他方式。学生还可以有保全证据、申请支付令、保全财产等不同做法。在以上方法都不适用时,才考虑进入诉讼程序。

(2)代理起诉。如果学生被委托的案件是当事人还没有起诉的,则要考虑如何做好起诉工作,这是法院审理民事案件的前提。但是真正进入诉讼程序后还要法院受理案件,为了使委托的案件能够顺利被法院受理,要注意以下四个方面的问题:

第一,有明确的被告。明确的被告包括两个方面的内容:①被告人是一个特定的真实有民事行为能力的人;②被告有明确的住址。就第一点而言,委托人要保护自己的权益,就要指出是哪个或哪些人侵犯了自己的权益。特别是在涉及多方当事人的时候,一定要弄清楚哪些人可以成为被告,哪些人是第三人。被告是侵犯到原告民事权益或与原告发生民事权益纠纷的人,在起诉时,既不能写错被告,也不能把委托人所要起诉的任何一个被告漏掉。如果法律允许可以选被告,比如,在产品质量责任问题中,原告方可以选择产品的生产厂家或销售商家为被告,那么学生在确定被告的时候,要从其承担民事责任的能力、诉讼成本的高低等方面考虑,为委托人提供最好的方案。

第二,有明确的、实际的诉讼请求。原告起诉人必须向人民法院提出要保护自己的权益的具体内容。一方面,该具体请求要有明确的法律依据;另一方面,提出的请求要合理而又可执行。明确合适的诉讼请求是相当重要的,这与委托人的利益关系密切,特别是在金钱支付的案件中,确定适合诉讼请求的赔偿数额很重要。如果数额太大,法院不但不会支持,还会造成委托人诉讼费用的额外支出;如果数额偏低,会影响当事人的合法利益。

第三,选择确定法院。要选择对案件有管辖权的法院,但有些案件有多个法院都有管辖权。比如在侵权案件中,侵权行为地、结果发生地、被告人所在地的法院都可以管辖;合同的订立、履行,被告人住所地的法院都可以管辖。

第四,代写起诉状。学生代理起诉的一个重要步骤就是代写起诉状,这与一般的代书诉状不同。代书诉状是一般的法律服务,不进行调查,只按照请求代书人的意见书写，对请求人负责就可以。而学生代书起诉状是代理行为，关系到以后的代理工作能否继续。因此，学生在代写起诉状时要十分小心。

（3）代理应诉、反诉。如果学生接受的是被告人的委托，那么必须面对代理应诉或反诉的工作，这比代理起诉的情况更加复杂，一般要注意以下四个方面：

第一，审查受理此案的人民法院是否有管辖权。一般而言，法院已经受理的案件已经经过该法院的初步审查，确定其拥有管辖权。但是，也不可以排除对方当事人为了自己的利益而有意隐瞒相关事实以达到改变管辖法院的目的。被告及其代理人可以在答辩期内向受理该案的法院书面提出管辖权异议，受理该案的法院在对该案进行实体审理之前，应先审议当事人对管辖权提出的异议，就该问题作出书面裁定送达双方当事人。当事人对裁定不服的，有权向上一级人民法院提起上诉。关于提出管辖权异议的具体方式没有具体规定，但是一般要求以书面形式说明异议的事实及理由。

第二，审查被告是否适格。在某些案件中，原告由于各种原因把不该成为被告的人列为被告，而法院经初步审查没有发现问题，这就要求学生对被告进行仔细研究，判断原告有没有告错人。学生在代理案件的时候要注意发现问题，在了解事实的基础上尽量减少麻烦。

第三，研究起诉状，代写答辩状、反诉状。研究起诉状是相当重要的一部分，厘清原告的诉讼请求、起诉的主要事实、依据和证据情况等可以为代写答辩状、反诉状做充分的准备，并根据起诉状的不同情况分别作出处理。首先，对于起诉事实清楚真实、理由充分、依据合法、要求合理的起诉书，答辩状要给予承认，一方面是求得对方谅解，另一方面也是给法官一个好印象。其次，若原告起诉的事实在一定程度上有出入，证据不充足，要求也不合理的，要通过答辩说明事实真相，据理反驳原告的主张。如果被告方有合理的反诉请求，在事实得以确认、有充分证据的情况下，可以为被告代写反诉状。

代写反诉状和答辩状的注意事项与代写起诉状的注意事项有相同点：都要充分了解案情，有充足的法律依据，对关键证据要进行收集。但是，反诉状和答辩状的要点是指出起诉状中不真实的事实和错误的法律运用及证据不充分的地方。如果答辩状和反诉状分别书写，则要注意反诉状在结构上与答辩状的联系，防止内容脱节。一般而言，答辩状一式两份，自己留一份，另一份交给法院。

第四，移送答辩状及反诉状。被告方应当在收到起诉书副本15日内提出答辩状，虽然不提出答辩状不影响法院的审理，但是对学生而言，这是一个练习的机会；对委托人而言是一次陈述的机会，不可放弃。

（4）代理出庭。代理出庭是代理工作的主要环节。出庭时，学生必须注意案件的发展变化，灵活机智地应对可能出现的问题。

第一，开庭准备阶段。学生要注意有无需要回避的情况，证人是否到庭，有无违反程序、有损当事人权益的事实发生。

第二，法庭调查阶段。学生要在查明事实、分清是非的基础上通过行使各项委托权利来维护当事人的合法权益。在法院调查阶段，一般应注意以下六点：一是，灵活地回答法官的提问。二是，注意听于我方有利的事实是否查清，各证据之间有无相互矛盾的地方，对方代理意见等内容。三是，注意询问。问的对象可以是对方当事人和证人，目的就是体现出有利于我方的事实，找出对方的弱点甚至弄虚作假的地方。问的时候要注意策略，具体要依靠实践积累经验；问的技巧与向证人取证时的技巧类似。四是，认真看法庭上出示的各种证据，看有无矛盾和修改的痕迹。五是，宣读并提交我方的证人证言及书证。六是，记录审理情况，依据新情况随时修改代理词。

第三，法庭辩论阶段。学生的工作主要是通过发表代理词就与本案有关的事实、证据及相关问题提出我方见解，反驳对方的不正确意见和主张，从而保障委托人的合法利益。代理词要条理明确，突出重点，说理有力，证据充分。

第四，庭后调解。经过辩论，案件事实一般已经清楚，这为调解协议的达成提供了条件。学生要尽力促成调解，和平解决问题，如果当事人坚持不调解则需等待法院判决。

第五，判决后的工作。当事人收到判决书后，学生应当对裁判进行分析，如果合理就服从判决，不合理的则视当事人的意见决定是否上诉。

3. 诊所学生在刑事诉讼中的活动

诊所学生在刑事诉讼中的活动主要分为两个部分，即刑事辩护和刑事代理。刑事辩护活动是指诊所学生接受犯罪嫌疑人、被告人的委托，根据事实和法律对控诉人提出控诉的部分或全部进行反驳、申辩，以说明其无罪、罪轻或者减轻处罚的一项诉讼活动。刑事辩护活动针对检察机关提出的公诉而提出并与其对立；刑事代理活动是指在刑事诉讼活动中，诊所学生接受公诉案件中的被害人及其法定代理人或者近亲属、附带民事诉讼的当事人及其法定代理人、自诉案件中的自诉人及其法定代理人的委托，代他们参与刑事诉讼，维护他们合法权益的活动。

（1）刑事辩护活动中的主要工作。诊所学生在刑事辩护活动中接受犯罪嫌疑人、被告人的委托后，应立即与有关的办案机关取得联系，并着手进行法庭辩护的准备工作。主要包括以下五个方面：

第一，审查起诉书。起诉书是人民检察院代表国家向人民法院提起公诉的法律文件，是人民检察院对犯罪案件事实、犯罪性质、被告人在犯罪中的地位，各自所起的作用和所应当受到的处罚等一系列问题的法律意见。它是人民法院刑事审判活动的重要依据，在整个刑事辩护活动中起着主导性的重要作用。因此，诊所学生应该对起诉书予以重视，进行认真仔细地分析研究，以确定辩护的重点。

诊所学生审查起诉书时，应把握以下情况：首先，被告人的姓名、性别、年龄、籍贯、民族、文化程度、工作单位、职务、住址及其被拘留、逮捕的确切时间，犯罪嫌疑人和被告人是否已经达到了法定的刑事责任年龄，是否为聋、盲、哑人或精神病人等。其次，起诉书所指控的犯罪事实，包括犯罪的时间、地点、动机、目的、手段、后果等，有无从轻、减轻或者免除刑事处罚的情节，是否有犯罪未遂、中止及自首、坦白、立功的情节等。最后，起诉书认定的罪名及其适用的法律，包括起诉书对被告人的犯罪事实是如何认定的，罪名的认定是否符合刑法有关条款的规定等。诊所学生如果在审查起诉书中发现了疑点或者前后矛盾之处，应该做好标记。对于存在疑问的相关事实在日后阅卷及会见被告人时将予以核实查对。

第二，查阅案卷审查证据。查阅案卷材料是诊所掌握案情的重要途径，也是准备刑事辩护活动工作的一项重要内容。诊所学生要查阅的案卷材料包括公安预审卷、检察院补充侦查卷和法院调查卷三种，不包括审判委员会和合议庭的记录以及事关他案的线索材料。在共同犯罪的案件中，不应该仅查阅委托自己的被告人的卷宗，还应当查阅同案的其他被告人的卷宗。如果其他被告人有另案处理的情况，已应作为共同犯罪的材料，予以调卷查阅。诊所学生在查阅案卷过程中，应当注意查阅正反两方面的证据，对案卷中互相矛盾的证据要反复查阅。通过查阅，可以掌握案卷中的疑点、矛盾之处以及真伪不明的事实和证据的分布。由此掌握整个刑事案件的全貌，明确进一步调查取证和核实事实的内容和范围，为辩护活动打下初步的基础。

第三，会见被告人。诊所学生在经过查阅起诉书、案卷以及审查各种证据、对案情已经有了较为全面的掌握后，还应当会见被告人，进一步了解案情。诊所学生会见未被羁押的被告人，可以与其约定时间、地点进行面谈。如果要会见在押的被告人，应当持起诉书副本、授权委托书以及专用介绍信到羁押场所会见。

诊所学生在会见被告人时，应当做好以下七项工作：①听取被告人对起诉书指控犯罪事实的意见；②听取被告人的陈述和辩解，核实自己在查阅起诉书和案卷材料时所发现的问题和矛盾之处，进一步查明案情；③询问被告人有无新的人证、物证、书证以及证据线索；④了解被告人有无法律规定的无罪、罪轻或者从轻、减轻或者免除刑事处罚的情节；⑤根据被告人的要求为其提供具体的法律帮助；⑥向被告人告知他的诉讼权利，说明审判程序以及他在每一个阶段中应当注意的问题和事项；⑦告知被告人自己所进行的辩护准备工作以及初步的辩护设想，听取被告人的意见。

诊所学生与被告人进行交流，可以使被告人消除对刑事审判的恐惧感，积极地行使辩护权。

通过会见被告人这一环节，可以对在审查起诉书和查阅案卷、审查各种证据这两个阶段中对事实和证据产生的疑问得以一定的解答，从而对下面的调查取证和形成辩护意见产生积极的影响。

第四，调查收集证据。诊所学生在查阅起诉书与案卷材料以及会见被告人的基础上，应当根据辩护的需要做好调查和收集证据的工作。这是学生在庭审时完成举证责任的物质基础。经过证人或者其他有关单位和个人同意，诊所学生可以向他们收集与本案有关的材料；同时经人民法院许可，并且经被害人或者其近亲属、被害人的证人的同意，也可以向他们收集与本案有关的材料。

在收集与本案有关的材料时，如果证人或者其他单位和个人以各种理由拒绝会见，拒绝提供物证、书证、视听资料，拒绝作证，可以向人民法院提出申请，要求依法收集调取证据。如果学生在要求了解案件情况的人提供证言但遭到无理拒绝时，也可以向人民法院申请要求其出庭作证。

在调查收集完证据材料后，学生应当对证据进行归类整理，做出完整的目录，以便庭审中向法院提交。

第五，准备辩护词等材料。在开庭前应当完成辩护卷宗的整理排序工作，应当将案件的相关材料按照起诉书，案卷中的证据材料摘录，向被告人、证人等提问的提纲，收集的证据材料以及有关法律、法规的摘录等顺序排好，其中还应该包括拟定的辩护方案和辩护词等内容，从而在庭审辩护活动中做到从容不迫。

(2) 刑事代理工作中的主要活动。刑事诉讼代理活动包括在公诉案件、自诉案件以及附带民事诉讼案件中接受相关当事人的委托，在其授权范围内代为参加诉讼活动。刑事诉讼代理活动在刑事诉讼中起着重要作用，体现在两个方面：①保证当事人的合法权益。刑事诉讼发展到今天，人们不仅关注被告人的合法权益，还注意被害人等其他当事人权益的保护。诊所学生作为诉讼代理人参加到刑事诉讼活动之中去，充分利用自身知识、发挥诉讼能力，保障当事人的合法权益的实现。②有利于刑事诉讼的顺利进行。当诊所学生作为诉讼代理人参加诉讼时，可以保证当事人诉讼权利的正当和合法行使，从而使刑事诉讼能够顺利进行。

第一，公诉案件中的刑事代理活动。公诉案件中的刑事代理活动是指诊所学生接受公诉案件中的被害人及其法定代理人或者近亲属的委托，作为被害人的诉讼代理人，在委托人的授权范围内，以被害人的名义代为参加诉讼的活动。根据我国刑事诉讼法，公诉案件的委托行为起始的时间是从案件移送审查之日起算。检察机关自收到移送审查起诉的案件材料之日起3日以内，应当告知被害人及其法定代理人或者近亲属有权委托诉讼代理人。

作为刑事公诉案件中的诉讼代理人，诊所学生以被代理人的名义参与诉讼，目的在于保障被害人的合法权益。从这一点上来，看其法律地位依附于被代理人。不过，诉讼代理人并非完全依附于被代理人，其本身也具有一定的独立性。诉讼代理人的法律地位决定了诊所学生在刑事公诉案件的诉讼活动中享有相应的诉讼权利。当然，这些诉讼权利是在被代理人的授权范围之内的，主要包括：有权委托诉讼代理人，有权申请司法人员回避，有权参加法庭辩论，有权申请通知新的证人到庭，有权提起附带民事诉讼，等等。

公诉案件中的代理工作主要包括以下两个方面：

一是审查起诉阶段的代理工作，包括对案件事实的了解和调查。诊所学生在审查起诉阶段中，准备工作是了解案件事实情况。为了全面了解案件事实，诊所学生应当听取被害人或其法定代理人、近亲属对案件事实的意见，还可以对案件事实进行必要的调查。作为诉讼代理人，诊所学生还可以收集、查阅与本案有关的材料，可以同被限制人身自由的人会见和通信，经有关单位或者个人同意，可以向他们调查案件情况。检察机关在提起公诉阶段审查案件，应当听取被害人和被害人委托人的意见。因此，诊所学生作为诉讼代理人，应当全面向检察机关表达被害人方面对该案案件事实的意见。这可以使检察机关了解被害人方面对该案的态度和看法，从而有利于检察机关对该案作出正确的判断和处理，有利于被害人合法权益的保护。

二是审判阶段的代理工作。在审判准备阶段中，诊所学生除了要继续对案件事实进行相关的调查、准备庭审活动外，还应当撰写代理词，将被害人一方对本案处理的意见告知法庭，使得法庭能够做出客观公正的判决。在开庭审理阶段，诊所学生应当积极行使诉讼权利。比如，在公诉人宣读了起诉书后，诊所学生可以代被害人就起诉书中指控的犯罪行为进行陈述；在公诉人询问被告人后，经审判长许可，学生可以向被告人发问；在法庭辩论阶段，经审判长同意，诊所学生可以对案件事实的认定发表意见并进行辩论。在一审宣判结束后，如果被害人或其法定代理人不服法院的判决，诊所学生就应当在收到刑事判决书后五日之内，考虑代理被害人及其法定代理人请求检察机关提出抗诉。如果检察机关提起抗诉，或者被告人一方提出上诉，诊所学生还需要以诉讼代理人的身份参与本案第二审的审理。诊所学生还需要与当事人另行签订二审阶段的委托代理协议书，以诉讼代理人的身份参与本案的第二审。

第二，自诉案件的刑事代理活动。自诉案件的刑事代理活动是指诊所学生接受自诉人及其法定代理人的委托，作为自诉人的诉讼代理人，在委托人的授权范围内，以自诉人的名义代为参加诉讼活动。

自诉人及其法定代理人有权随时委托诉讼代理人，法院自受理自诉案件3日内应当告知自诉人及其法定代理人有权委托诉讼代理人。

自诉案件中的代理工作主要包括以下方面：

一是提起自诉前的阶段。①调查案件事实和收集证据。诊所学生作为自诉人的诉讼代理人，不仅要对案件事实进行一般的了解和调查，还必须收集和整理充分的证据证明提起的自诉符合刑事诉讼法规定的三种自诉种类。自诉人作为原告人提起刑事诉讼，在诉讼中负有相应的举证责任。根据刑事诉讼法的相关规定，如果法院对自诉案件进行审查后，发现自诉案件缺乏证据，无法证明自己的人身、财产权利遭受侵犯的事实，人民法院应当说服自诉人主动撤回自诉或者裁定驳回自诉。诊所学生必须帮助自诉人收集与案件有关的证据，做到充分、有效，能够证明被告人确实实施了某种犯罪行为，符合刑法条文规定的犯罪构成要件，并给自诉人造成了损害。②撰写自诉状。向人民法院提起自诉案件的自诉人应当向人民法院提交自诉状，以表明自诉人的诉讼请求和案件的事实、理由，以及证明案件事实的有关控诉证据。

二是一审审判阶段。①开庭时由诊所学生作为诉讼代理人宣读自诉状，发表代理意见。②如同公诉案件中的代理活动，自诉案件中的诉讼代理人应当积极参加法庭调查和法庭辩论，行使自己的诉讼权利，对被告人及其辩护人的辩护意见进行反驳，维护自身的合法权益。③在审理中，学生参加由法院主持的调解；也可以在法院宣告判决之前，在自诉人的授权下与被告人自行和解或者撤回自诉，维护自诉人的合法权益，结束刑事诉讼程序。④如果被告人提起反诉，那么作为诉讼代理人，诊所学生还应当协助自诉人做好辩护工作。

三是二审阶段。①签订二审阶段的刑事代理委托协议书，协助自诉人撰写上诉状，向上一级人民法院提起上诉。上诉状应当写明不服原审裁判的理由和自己的诉讼请求及事实理由。②参加二审程序的审理，表达代理人对案件审理的看法和意见。

第三，附带民事诉讼案件的刑事代理活动。附带民事诉讼案件的刑事代理活动是指诊所学生接受附带民事诉讼案件当事人的委托，作为附带民事诉讼当事人的诉讼代理人，在其授权范围内，以附带民事诉讼当事人的名义代为参加诉讼的活动。

附带民事诉讼案件中诉讼代理工作主要包括以下三个方面：

一是掌握刑事案件的事实。作为附带民事诉讼原告的诉讼代理人，诊所学生应当对案件事实有全面的了解，需要的时候可以进行调查取证，特别应当对因被告的犯罪行为而对原告造成的损失着重进行调查，查清相关的事实并提供充分的证据予以证明。反之，作为被告的诉讼代理人，则应当收集能够证明免除或者减轻自身责任的证据，查清案件事实。

二是撰写附带民事诉状和答辩状。在附带民事诉讼过程中，作为原告的诉讼代理人应当协助原告撰写附带民事诉状，写明自身因被告的犯罪行为而遭受的损失以及要求被告予以赔偿的诉讼请求和相应事实理由。作为被告的诉讼代理人则应当协助撰写附带民事诉讼的答辩状，对原告要求赔偿的诉讼请求予以驳斥。

三是参加法庭审理中的法庭调查和法庭辩论，围绕民事责任展开事实和理由上的对抗。

4. 诊所学生在其他法律服务中的活动

社会主义市场经济的发展使得整个社会对于法律服务的依赖性加大，市场经济的主体不仅需要诉讼法律服务，而且还需要大量的非诉讼的法律服务。这就要求诊所学生具备为当事人提供非诉讼法律服务的能力，包括法律咨询、代书活动、尽职调查和参与调解等方面。

(1) 法律咨询。法律咨询是指诊所学生接受自然人、法人或者其他组织的询问，就有关的涉法问题做出解释、说明以及提供法律方面的意见、建议的活动。法律咨询活动具有非常重要的社会意义。首先，法律咨询活动有助于保护相关主体的合法权益。通过法律咨询活动，可以让更多的人知晓自身所拥有的权利以及如何依法维护自身的合法权益；其次，法律咨询有助于预防违法犯罪活动的发生，防止矛盾激化，维护社会稳定。当事人通过接受咨询，得知自己享有何种权利，承担何种义务，知晓自己应通过何种方法来维护自身的合法权益，从而防止其运用过激的私力救济手段来达到目的；最后，法律咨询有助于提高诊所学生在实践中运用法律的能力和与他人沟通交流的能力。法律咨询中遇到的问题范围广泛，复杂多样，而且回答时间比较紧迫。这要求诊所学生具有很强的法学理论功底、法律实践经验以及处理问题的应变能力。通过法律咨询活动，诊所学生在这些方面的能力将得到加强。

法律咨询可以分为口头咨询和书面咨询两个方面，书面咨询以书面方式答复咨询人，主要用来处理一些疑难复杂的问题。

第一，法律咨询的步骤。法律咨询的一般步骤主要包括听、看、问、析、答。

一听，指学生听取咨询者对问题和困难的陈述。这是整个法律咨询的初始活动。当然，由于咨询者在年龄、文化程度和表达能力上有着很大的差异，所以要求诊所学生在这一步骤当中，不仅要仔细听取咨询者的问题，做好记录，还要发挥自身的优势，不能让咨询者的话题扯得太远。要把握尺度，让咨询者的话题始终围绕着与本案有关的有用信息而进行。

二看，指学生要查看咨询者提供的相关材料和咨询者自身的精神状态、情绪变化。一般而言，前来咨询的人通常出于对自身利益或者隐私的考虑，将影响案件处理的重要事实和细节隐瞒，并用种种表情使得诊所学生认为咨询者的确值得同情。没有弄清案件的真实情况常常使得诊所学生在日后的解答过程中由于新的事实出现而反复修改回答，浪费大量的时间。因此，学生对咨询者所提供的材料不能不信，但是不能全信。

三问，指学生向咨询者提问。诊所学生通过对与案件有重大联系的事实和证据的提问，不仅能够引导咨询者讲出问题的核心与关键部分，从而了解事件的主要事实和关键性情节，而且能够保证咨询者在用言语或书面形式提供材料时有具体的目标，防止提供一些对解决本案没有价值的材料，延误时间。

四析，学生在"听""看""问"三个环节结束后，从法律的角度出发对咨询者的问题进行综合分析和评判，明确问题的焦点与实质，找到合理正确的法律依据和处理问题的思路。首先，通过对案件材料的综合分析，总结出事实之中存在的法律关系，从而确定彼此之间的权利义务关系。然后，再将法律上确定的权利义务关系与现实生活中的事实与行为进行比对，有针对性地提出法律意见和解决方案。如果碰到复杂疑难或者难以把握的案件，不要轻易下结论，应该在把握事实的基础之上理清头绪，找出实质性和关键性的问题，然后对此案件进行相应的解答。

五答，学生回答咨询者提出的问题。这是整个法律咨询活动的最后一个阶段，要求接受咨询的学生针对咨询者提出的问题予以针对性回答。给出的答案要符合国家的法律与政策，而且要具有可行性。值得注意的是，在给出答案的同时，学生应当向咨询者予以耐心的分析和解释，使其能够接受相应的解答。

第二，法律咨询中的注意问题。在法律咨询之中要注意以下问题：

一是，如果咨询者提出的问题在现行的法律法规与政策中均没有相应的规定，这时，咨询学生应当在合法的前提下积极思考，为咨询者出谋划策，力争能够为其找到最佳的解决问题的途径。

二是，如果咨询者情绪过于激动，试图以一些超出常规的手段来解决纠纷时，诊所学生应当先稳定咨询者的情绪，待其平静后，向其分析利弊，让咨询者认识到不理智地解决问题只会带来更大的矛盾和痛苦。

三是，现实生活中的确存在一些一时难以回答的问题，这就要求接受咨询的学生能够变通手段，向咨询者讲明情况，不能随意给出意见和看法。如果事后发现给出的法律咨询意见确有错误的，应当及时向咨询者通报，避免不良影响的发生。

（2）代书活动。代书活动是指诊所学生接受当事人的委托，就其提供的事实及其指定的事项，依据有关的法律，以委托人的名义书写诉讼文书以外的其他可以引起法律后果的有关法律事务内容的文书的活动。诊所学生从事的非诉讼的代书活动具有十分重要的意义。它可以借助法学院学生出色的法律知识和熟练的语言表达能力制作出意思表示明确、权利义务确切、文字严谨、逻辑鲜明的法律事务文书，从而为当事人提供高质量的法律服务，维护当事人的合法权益；它还有利于国家行政机关与司法机关快速正确处理纠纷。格式正确、权利义务关系明确的非诉讼法律书文书能够让解决纠纷的机关在短时间内对案情有大致的了解，并为解决纠纷打下基础。

代书活动一般包括如下步骤：

第一，了解请求代书人的身份、代书的目的和具体要求。代书前，学生要了解请求代书人的具体情况，是自身要求代书，还是代替别人请求代书。如果是前者，那么就要问清其是否具有当事人的资格，是否与相关案件有着利害关系；如果是后者，那么要查清其与真正的请求代书人之间是否订立了授权委托协议书。

第二，了解代书事实的具体内容，找出相关的注意点。

第三，运用法律法规和国家政策性规定对所了解的事实进行法律分析，防止代书内容中出现违法事项。

第四，对于符合代书标准的请求，学生应当及时提供代书服务。对于不符合代书标准的请求，应当拒绝其请求并予以解释。代书应当努力达到格式规范、主旨明确、逻辑严密和表述精练等标准。

（3）尽职调查。尽职调查活动是指诊所学生接受当事人的委托，就非诉讼事项向有关单位、个人收集相关材料的活动。非诉讼调查事务的范围非常广泛，包括办理遗产继承、参与经济管理分析、确定财产的分割以及宅基地使用权等。

在尽职调查中，诊所学生应当有一个明确的调查目的，究竟是为了实现委托人自身的权利，还是为了减轻委托人的责任；究竟是为了掌握委托人自身的情况，还是为了获得与其有利害关系的另一方当事人的相关资料等。只有明确了调查目的，才能开展有效的调查活动。

第一，尽职调查的阶段：尽职调查可以分为准备阶段、实施阶段、总结阶段、反馈阶段和实践阶段，具体细化为以下阶段：①明确调查的具体内容和当事人的要求；②设计调查方案，制定调查计划；③进行资料收集；④实地勘验调查，个别性访问；⑤进行资料的审核与整理；⑥资料分析和撰写调查报告；⑦向委托人反馈调查结果；⑧调查成果的运用和实践，并进行追踪调查。

第二，调查活动的注意事项。调查活动要求诊所学生不仅要采取积极灵活的方法，还必须要有耐心细致的工作作风。在调查活动中，学生们应当做到"八忌"和"两个注意"。

"八忌"包括以下几方面：一忌仓促上阵。调查前应做好充分准备，认真研究案情和有关材料，对当事人的要求、谈话目的及重点在事前整理出明确的思路，并根据现实中的具体情况列出问话提纲。二忌拖沓懈怠。调查工作的时间性很强，稍有拖拉和懈怠就会错失良机，给被调查人以可乘之机，出现毁证等现象，给调查后的实践工作造成困难。三忌主观片面。在收集相关资料时必须做到实事求是，不能凭主观想象，要对事件和行为发生的时间、地点、手段和方法进行全面收集。四忌粗心大意。知情人的片言只语往往看起来无关紧要，但随着案件调查的深入，有些就有可能成为涉及被调查人及涉案人重要事实的证据。因此，无论是在查阅材料还是与被调查人谈话时，都要耐心细致，疏而不漏。五忌精力分散。调查人员在与被调查人谈话做笔录时，一定要做到耳聪脑灵、眼明手快。重要情节要注意问清、听清、记清、写全,切不可在做笔录时精力不集中,思想开小差。六忌情绪急躁。由于种种原因,有些被调查人往往会推脱或掩盖一些关键问题。当遇到这种情况时,诊所学生一定不能有急躁情绪,要晓之以理,做耐心的说服工作,以帮助对方消除顾虑,促使其积极配合。七忌主次不分。在调查时,要善于抓主要矛盾,着重查清主要事实和主要责任者,不要在枝节问题上纠缠,防止"捡了芝麻丢了西瓜",贻误战机。八忌就事论事。与被调查人谈话时,既要遵循事先拟定的问话思路,又要善于察言观色,发现新的重要线索应当立即调查清楚,及时取证。

"两个注意"包括:一是,调查时应当不少于两人,并应向当事人或有关人员出示证件,做好询问笔录,载明时间、地点和调查内容,并经当事人和证人签字认可。二是,注意签名和落款。每一份的调查取证所做成的文本都应该由调查人、被调查人的亲笔签名或落款,并注明日期。对于调查取证文本的修改或涂抹部分更应该谨慎,应由相关人员于相应处注明修改人的亲笔签名、落款以及修改日期。

(4)参与调解。参与调解活动是指诊所学生接受当事人的委托,参与非诉讼的调解活动。在诊所学生的主持下,双方当事人自愿平等协商,互谅互让,达成协议,从而解决纠纷,维护当事人的合法权益。诊所学生参与的非诉讼的调解活动包括:一般的民事纠纷和轻微的刑事案件;经济合同纠纷和其他经济纠纷。非诉讼的调解活动在处理当事人之间的纠纷、维护当事人的合法权益上具有十分重要的作用。非诉讼调解活动具有简易性和及时性的特点,调解的进行可以不受时间、地点和方式的限制,而且也不像诉讼程序那样必须经过较为烦琐的步骤。非诉讼的调解活动可以直接进入实质问题的讨论,在短时间内解决双方当事人之间的纠纷。有关调解的内容前面已做了详细的阐述,在此就不再叙述。

(5)提供立法建议。诊所学生在教师的指导下进行立法调查、草案拟定、反馈信息分析和筹办、主持立法论证会议等活动,帮助当地省、市人大、人民政府制定相关的地方性法规和政府部门规章。在立法活动中,学生有机会接触社会,通过与民众的接触、对立法资料的收集发现法律的价值和目标。学生有机会站在立法者的角度审视法律，通过参与立法、影响立法进程和决策引导社会发展，体验立法参与者的成就感。

（6）参与社区法治建设。社区作为城乡社会细胞，是整个社会政治、经济、道德和法律生活的基本空间，同时也是我们透视中国现实状况、思索中国各项社会事业建设与发展的思维空间。它可以为我们提供为中国社会的法律服务与法治建设模式的实践场所。目前，社区法律服务与社区法治建设也已逐步列入国家的社区发展计划，社区法律服务得到开展。

诊所学生参与社区法治建设，为社区提供法律服务，其内容和服务方式主要有：

第一，普法宣传。向社区居民宣传与生活密切相关的法律，使其了解相关的法律规定和法律知识，初步获得依法维护自己权利的法律意识。

第二，义务法律教育。法律教育是继法律宣传之后，系统深入地让社区居民了解具体法律知识。它不仅是形式上的一种宣传，还要派工作人员进行现场讲解，使受教育者更进一步理解法律知识和相关法律精神实质。

第三，义务法律培训。法律培训是更专业的法律教育，是对有某种专门法律知识需求的社区居民进行的专门法律知识讲解，以利于社区法律工作更有效地展开。

第四，社区"立法"。根据国家法律和政策的具体规定，以微观服务所获得的各种信息为出发点，通过实地考察和研究，联合当地政府和相关部门机构帮助社区管理机构建章立制，制定社区管理规范和管理制度，使社区建设有章可依、有法可循，形成一个井井有条、良好的社会生活秩序，实现社区建设法制化。

第五，社区"执法"。帮助拟订社区法律制度运行与发展方案，拟定执行国家法律制度的计划。社区诊所可以根据社区的具体情况，配合社区政府和管理机构拟订社区法律制度运行与发展方案，制定执行国家法律制度的计划。

第六，帮助拟订社区社会治安管理的具体策略和方案。为保证社区的安定与安全，社区治安管理是一项重要的管理工作。治安管理涉及大量的法律问题，社区法律诊所一方面可以帮助社区治安管理部门处理相关的具体法律问题，另一方面也可帮助其依据国家的政策拟订具体的管理方案。

诊所学生参与社区法律服务活动，为社区居民提供法律服务。社区成为诊所法律教育的载体，为诊所教育提供了广阔的空间，使学生在社区法律诊所得到了锻炼和提高。

总而言之，学生在诊所法律教育中的活动是诊所法律教育客体活动的一部分，它与诊所教师的活动、诊所教育互为基础、互为融合，构成诊所法律教育客体的组成部分，共同促进诊所法律教育主体的进步和诊所法律教育的发展。

二、诊所式法学实践教育的价值与特点

（一）诊所式法学实践教育的价值

"诊所式法学教育与其他法学教育改革措施一起丰富了中国法学教育的内容和形式，积极推动了中国法学教育方法和观念的探索和转换"。[①] 诊所法律教育注重培养实践能力，注重培养职业道德和职业责任，并将其贯穿于诊所法律教育的始终，这也是法学教育的核心。研究、探索诊所法律教育的价值，建构我国法律实践教育的体系，对改进和完善我国法学教育模式具有深远的意义。

1. 教育价值

（1）提高合作能力。合作精神是法律人才应具备的基本素质。法学教育的独立性、个性化的目标与实际工作的合作精神如何协调，这就需要在诊所教育中，不论课堂上还是办案，所有的工作都是通过合作或分组完成的。集体的力量可能大于单个人相加的力量，这是合作的理论支柱。学习如何与他人合作是一种批判性的机能。在合作中，大家有机会讨论各种方案，有机会进行评价和反馈，有机会尝试各种提高合作质量的方法。通过合作，不仅锻炼了学生合作和协调解决问题的能力，而且解决了许多法律上的问题，彼此

---

① 王晨光. 回顾与展望：诊所式法学教育在中国 [J]. 法学教育研究，2011，5（2）：20.

间获得了帮助和启发。

（2）拓宽视野，加深对法学理论知识、律师业务的理解和运用。诊所法律教育的互动式教学、模拟教学等方式，使学生在指导教师的监督下独立办案等，给学生提供更加广阔的学习空间，使他们能够更加深入地理解和掌握所学的专业知识，理解法律、事实和证据三者之间在实践中的关系并将它们联系起来。在代理中，学生们发现理论对案件具有指导意义，但仅掌握理论是不够的，还需发现事实，将事实转变为可承认的证据并对事实进行法律分析和法律评价，使法律准确地适用于案件事实。同时通过办案，加强了学生对现实生活复杂性的评价、认识，从而了解社会，提高对复杂事物的判断能力。

（3）学会作出决定，培养领导者的才能。在诊所法律教育中，学生与当事人有权利做出并执行决定，比如，学生为当事人咨询，起草法律文书，调查取证，与政府官员打交道，出庭代理，等等。另外，学生可以决定怎样与伙伴一起工作，并决定在每周指导会议上讨论什么问题，以及在案件的各个步骤中从教师那里获得哪一种反馈。

（4）学会获取新知识的方法和能力。诊所法律教育注重学生在掌握法律知识的同时教会学生获取新知识的方法和能力，使学生能够运用所学的知识和方法不断充实新知识、解决新问题，从而适应社会发展的需要。诊所法律教育采用的方法与传统的法学教育方法有很大的区别，它主要教给学生从反思中提高、从经验中学习的方法，比如大脑风暴：对各种可能性的分析；小组方法：以团队精神提高工作效率；角色扮演：都从不同的角度思考问题，等等，使学生终身受益。这些方法都突出互动的特点，激发学生的主动性和参与性。学生通过自己的思考，集体讨论、分析寻找解决问题最合适的方案，从而锻炼和提高分析问题、判断问题的能力，以及运用法律解决具体问题的能力。

2. 创新价值

创新是人们在已有创新素质的基础上，充分利用自身的潜能，从新的视角以新的方式为自己、为社会展现新的世界，揭示新的理想。法律教育应着重培养学生的创新精神、创新能力和创新人格。创新精神是推动一个人创新的内在动力，它包括对事物的强烈好奇心及求知欲，对新事物的敏感，对真知的执着追求，对发现、发明、革新、开拓、进取的百折不挠的精神。创新能力是一个人创新的本质力量所在，创新活动能否顺利进行的直接影响因素就是创新的能力。创新能力包括创造性的观察能力，创造思维与创造想象能力，创造性的计划、组织与实施某种活动的能力。创新人格主要包括创新的责任感、使命感，对事业执着的爱，顽强的意志力，坚韧不拔的毅力，能经受挫折与失败的良好心态，等等。

在诊所教育中，不论是模拟训练还是真实案件的代理，都为学生提供了真实的学习事物的背景。真实的学习背景为培养学生的创新能力提供了有利的条件，这些背景是由活生生的事实、复杂的法律等综合构成的。首先，有背景的学习要求学生从事物背景提供给他的信息中提取有用的东西、有特性的东西，有利于培养学生捕捉事物特点的能力。其次，有背景的学习要求学生从事物背景提供给他的信息中发现问题并分析研究事实，有利于培养学生发现问题、分析问题的能力。最后，有背景的学习要求学生从事物背景提供给他的信息中寻求用法律解决问题的最佳方案，有利于培养学生运用法律解决问题的能力。

诊所法律教育使用多种教学方法鼓励学生创新才能的发挥，要求学生进行批判性思考，创造性地探求最佳方案，有勇气跳出一般实践标准。诊所鼓励学生讨论做事的可选择方案，并对各种不同方案进行分析，对各种方案面临的障碍进行发掘，分类归纳正确对待。对不确定的事物作出决定有利于培养学生的独立性、自主性和创造性。通过实践达到对理论思考的深化，使学生认识到按照某些书本上的知识不可能达到令人满意的结果，而创造性地提出新的观念，解决面临的问题。

（二）诊所式法学实践教育的特点

诊所法律教育注重通过实践进行学习，帮助学生在实践过程中学到知识，是进行思考、实践技能的教学，它是对传统法学教育的一种突破和创新。诊所教育具有以下四个特点：

第五章　法学教育实践教学体系

1. 教学内容突出实践性特点

诊所法律教育在教学内容上，从理论教学向实践能力培养转化。传统的法学教育在教学中以传授法学理论为主，所涉及的内容一般是对法律知识的掌握和对法律条文的理解，着重对法律关系的研讨，从学理上去分析各种法律现象，重视掌握理论分析的能力，强调学理性思维的重要性。这种教育模式让学生们学到了很多理论知识，同时，也使学生们掌握了学理性的思维方式并运用这种方式学到更多的理论知识，为将来的工作和科研打下了扎实的理论基础。但是，法学又是一门实践性、应用性很强的学科，书本上的理论知识虽然很丰富，但并不一定能运用到实践中。法学教育如果只停留在理论上，不能让学生有机会在实际中学习、掌握和运用这些理论知识，则易产生理论与实践脱节的现象。

诊所法律教育则通过解决具体而实际的问题锻炼学生的实践能力。在诊所教育中，教室和社会都是学生的课堂，学生们在模拟练习中扮演案件所需要的各类角色，这培养了学生多角度观察问题的能力和运用理论知识分析和解决问题的能力。通过角色模拟练习，学生获得了许多实务方面的经验和技巧，学习到了他人的经验，发现了自己的不足。

虽然在课堂模拟练习中学生已经获得了一些经验和技巧，但是，真正的代理案件能使他们获得模拟练习中无法获得的经验。学生在法律诊所里能接触到真实的案件、当事人、司法机构及其工作人员等。代理案件能让学生以准律师的身份与那些在学校中不会碰到也无法想象的各种不同类型的人打交道，要求学生把法律分析与人类行为联系起来，包括内心活动和交流。在代理中，学生会遇到模拟中无法经历的各种意外，会碰到许多复杂且烦琐的事。或许学生认为对代理的案情已非常熟悉，对案情的法律分析也已非常准确，但是，分析随时都可能被不知道的法律事实推翻，这就是对学生应用法律能力的考验。因此，代理案件是对学生个人素质和综合能力的全面考察，同时它也使学生在个人素质和综合能力方面获得全面提高。

2. 教学目标突出能力性特点

传统法学教育注重在设定的事实情况下，关注法律后果或我们应该怎么

· 151 ·

做、我们的分析又是怎样。它将学生的思维限定在已明确的问题中，要求学生找出一个好的解决方法或途径。在授课中，教师用自己对法律的学理认识去影响学生，指导学生进行讨论，最终达到统一认识，学生也从教师的讲授中理解了法律的意思，这样的教育宗旨是以理解法律含义，讲授法律知识为主。

　　法律本身是一个非独立的个体，它是存在于社会中的。社会生活变化多样、纷繁复杂，因此在法律实践中不会有设定的事实，事实情况可能多种多样，而且极为不确定。诊所法律教育引导学生关注在不同事实情况下确定结果的相对可能性，不论在课堂内的练习中，还是在课堂外的办案中，没有明确的问题的设定，没有统一的答案。案件的事实和问题需要学生自己发现并寻找，法律分析与适用需学生自己去探索。在发现、寻找及探索解决问题的过程中锻炼了学生实践性的思维能力、开拓性的思维能力、创造性的思维能力以及综合判断能力。通过实践，学生们学会批判性地思索法律问题，对法律的起源、目标、用途等方面的问题进行探讨。

　　3. 教学方法突出互动性特点

　　诊所法律教育将学生重新定位，让学生成为课堂中的主角。在课堂上，以学生发表自己的看法和主张为主，教师引导学生积极参与，由学生说出对知识的疑问，对学术界争论的看法，对问题的判断等。调动了学生的主观能动性，使学生能够畅所欲言，积极参加到课堂学习中来，学生对于学习的热情也由此产生，从而出现活跃的课堂气氛。教师在听取学生的意见的过程中可适当地发表一些自己的看法，有针对性地提出问题，引导学生深入思考，并由学生们自我总结讨论的情况，教师针对不同的观点进行简短的评述。诊所教育中，教师在教学时充分体验到学生的感受和表现，这是一种教学相长、互动交流的模式。

　　4. 教学效果突出丰富性特点

　　诊所法律教育采用角色模拟、互动、小组讨论等多种教学方法，使学生可以体验多样性的角色，进行不同角度的思考，获得多重的收获。同时，在诊所教育中，学生可以看到别人的表现、自己的表现，也可以听到别人对自己表现的评价，明了自己的优缺点以及别人的优缺点，并通过实践经验学习提高自身的素质和水平。在办案中，学生进一步了解了法律，了解了社会，在提供法律援助中感受到作为法律工作者应具有的社会责任感以及遵守职业道德、职业责任的重要性。

三、诊所式法学实践教育的原则与方法

（一）诊所式法学实践教育的原则

诊所法律教育要寻求科学化，科学化在本质上是对诊所法律教育价值主体及其活动的认识和实践。诊所法律教育的科学化不仅是必要的，而且是可能的并可以实现的。诊所法律教育的科学化是一个不断发展的过程，它引导着人们不断地完善诊所法律教育的理论与实践。为了追求诊所法律教育科学化，我们有必要对其一般原则进行探讨。

1. 主体性原则

（1）培养学生的自我意识。自我意识是主体自我对客体自我的认识、体验、控制及评价。人所从事的改造客观对象的活动，在一定意义上说就是表现自我本质力量的活动，没有自我意识，也就不可能有自觉的创造性活动。可见，人的自我意识在某种程度上决定了主体对自身发展的自知、自控、自主，在人的发展中起着举足轻重的作用。人的主体性实际上是自我意识的能动性，以及建立在这种意识之上的认识和实践能力。诊所法律教育是一种能够培养和提高学生自我意识的教育，学生在诊所教育中能够充分认识自我，通过参与实践体验自己的行为，对自己的行为作出相应的评价，作出符合自身发展的选择。

（2）尊重学生的主体地位。对学生主体地位的尊重是培养学生自我意识的基础，尊重才会考虑学生的需求，为学生提供各种发挥主动性的机会，使学生的自主性、能动性得到提高。诊所法律教育尊重受教育者的主体地位，注重受教育者主动性的发挥。诊所教育能充分发挥学生的主体作用，体现学生的参与性，激发学生的创造性。

（3）发展学生的主体能力。对受教育者而言，要使自己的主体性得到充

分发展，仅仅具有主体意识是不够的，还需要具有与之相适应的能力，即主体能力。诊所学生在诊所教育活动中的自主性，首先表现为他具有独立的自我意识，有明确的努力目标和自觉的学习态度，渴望自尊、自主、自强；其次，诊所学生还能够把自己看作是教育对象，对学习活动进行自我支配、自我调节和自我管理，充分发挥自身的潜力，主动地认识、学习和接受教育影响，并能进行自我努力、自我评价，推动自我的不断发展。诊所学生的这种自主性要求诊所教师在诊所教育中应深入了解和研究受教育主体，掌握他们的认知水平、思维方式和学习态度，并采用恰当的教育方式和手段为其教育主体性的发挥创造条件，使他们真正成为教育的主体、学习的主人。

2. 参与原则

诊所法律教育的最大特点是要求诊所教育主体的积极参与，积极投入诊所法律教育活动。主体性原则体现了诊所法律教育主体的价值，参与原则表现了诊所法律教育主体的主动地位。参与原则包含以下内容：

（1）诊所法律教育主体（诊所教师、学生）要有参与诊所法律教育的意识。诊所法律教育是法律实践教育。参加诊所法律教育，就必须融入诊所法律教育中，积极参加法律诊所的一切活动。

（2）主动参与是诊所法律教育对教育主体最基本的要求。在诊所教育中，被动的、消极的学习是不被允许的，只有参与才能获取收获，才能体验诊所法律教育的真谛。

（3）参与整个法律诊所活动。对诊所学生来说，在课堂中的参与意味着对每一次课的内容都要认真准备，对模拟练习中角色扮演须积极投入，对诊所反馈评论要积极参与，提出自己的意见，在参与中得到锻炼、得到提高。在课堂外的参与意味着诊所学生主动与当事人联系，与当事人建立良好的互动关系，积极参加办案小组活动，在小组会上提出书面计划，主动与办案小组其他成员、指导教师联系，与他们交换不同的意见，为当事人提供解决法律问题的实质性建议。

（4）参与既是对诊所学生的要求，也是对诊所教师的要求。在诊所法律教育中，教师和学生都具有重要地位，学生的参与对诊所教育的开展具有重要作用，然而也不能忽略教师的参与度对诊所教育的影响。教师参与的主要表现为：首先，教师在设计模拟练习和其他参与性练习时，应将学生参与的积极性作为考虑因素，即设计练习时应考虑到学生的参与性。这就需要诊所教师能体验学生的感受，使教与学紧密结合；其次，教师积极参与诊所课堂内容，如参与学生的练习、评论和反馈，能够对学生的练习提出恰当的反馈意见。

（5）参与和责任挂钩。诊所法律教育是承担责任之下的学习，承担责任要求学生具有参与感和责任感，只有积极参加诊所学习和诊所办案才能在参与过程中使学习和责任得到有机结合，感受法律职业者肩负的社会责任。因为，在诊所法律教育的真实背景下，学生必须在责任和道德间作出判断和选择，纯粹说教和脱离实际背景的责任、道德学习很难使学生体验职业责任、职业道德的真正含义。诊所法律教育的参与性为诊所学生提供了一个感受责任、道德的舞台。在法学院学生进入社会之前，通过学生亲身参与法律实践，学习、学会承担责任，使学生完成其角色转换，对未来由学生向法律职业者的转变有很大的帮助。

3. 服务性原则

（1）服务方式。法律诊所致力于向社会中的弱势群体提供无偿法律支持。在诊所教育体系中，学生参与诊所课程，在经验丰富的教师的指导下为需要协助的弱势群体提供具体的法律服务。他们积极处理真实案例，学习如何运用法律知识和执业律师所需的技巧和技能，以最大程度地保障当事人的法律权益。因为我国的法学院法律诊所客户主要是社会中的弱势群体，所以其既是一门教育课程，又为我国法律援助提供了新的运作模式。

（2）服务质量。诊所法律教育确保了法律援助案件的质量。尽管由诊所学生承办法律援助案件，但整个办案过程都在诊所教师的指导下进行。这些指导教师具备丰富的教学和实践经验，同时充满事业心和责任感。他们一直将诊所教育与法律援助事业相紧密关联，将诊所教育的质量与法律援助案件的质量联系在一起。诊所学生在处理法律援助案件的过程中也能亲身感受到教师对工作的专注、责任感以及对事业的追求，这种精神对学生的诊所学习、法律援助案件处理以及未来执业都会产生重大影响。

（3）服务目标。诊所学生参与诊所教育有明确的目标，他们必须全身心地致力于学习并提供高质量的服务给当事人。教师则致力于提供高质量的教育和指导，追求教育质量、教学评估的高分数以及课程的影响力。教师和学生共同将追求卓越的服务作为一致的目标。

（4）诊所教师的服务。在诊所教育中，诊所没有独立的经济压力，教师无须依赖诊所作为提供法律援助的"机构"来获取工资。然而，法律诊所课程的质量将直接影响教师和其课程在法学教育领域的地位。这促使教师更加专注于教学和对学生所代理案件的指导。这既保证了教学质量，也保证了法律援助案件的质量。

4. 实践性原则

实践性是诊所法律教育的重要特征，实践性原则具体表现在以下两个方面：

（1）教学理念突出实践性。法学院不仅要教授学生获取知识的能力，还应培养学生运用法律知识解决问题的能力。运用法律的能力必须在实践中学习，在实践中获得。教师应具备这样的理念：教育学生在实践中学会学习，学会生活，学会生存，学会分析和判断，学会创新与发展。

（2）教学内容体现实践性。理论的生命力在于指导实践，实践的生命力在于将理论运用于实践。因此，在教学中体现实践内容，紧握实践发展的脉搏，才能使法律教学具有生命力。

第一，在课程内容的设计上体现实践性。教师在设计模拟练习和其他练习时，将练习与律师的执业技能和执业技巧等经验性的内容结合在一起，贯彻于实践内容中。我国诊所法律教育课程的内容主要是以实践性的练习为主，从学生对诊所课的反映可以看出，以提高实际应用法律能力为目的的实践教学是学生所迫切需要的。每一学期，诊所教师会根据学生的需求、反映以及条件的变化对实践性练习进行改变。

第二，在教学中体现实践性。实践的内容必须辅以实践的手段、实践的方法，这就要求教师不能满足于教学内容的实践性，还必须将实践的内容贯

第五章 法学教育实践教学体系

穿于整个教学过程中。在教学实践中，诊所教师有时会有这样的体验：同样作模拟练习，在两个年级诊所中学生的反应会有很大的差别。这之中，学生的参与性的高低是一个因素，教师的教学手段、教学方法也有很大影响，如不能有效地控制好讨论的主题和节奏、不能有机地组织和串联每个发言者的意见，就会影响实践性教学内容的完成。因此，诊所教师应经常提醒自己，在教学过程中所使用的教学手段、教学方法是否与教学内容相吻合，有无背离实践的宗旨。教师应在教学中通过各种提问引导学生展开讨论，为学生创造更多的自由发挥的空间；在教学中通过模拟练习提高学生的学习积极性，使他们参与到学习中来，亲身感受在实践中学习的乐趣。

第三，在办案中体验实践性。在诊所教育中，教学内容紧跟学生办案的实践，学生办案小组的活动实质上就是诊所课堂内容的向外延伸，是学生参加实践的第二舞台。在这里，学生的学习都是以实践为舞台展开的，教师和学生都是教与学的实践主体，教师在实践中会感到教学压力，因为社会的发展对理论和实践不断提出新的要求，使教师感到理论的不足和实践的需要；学生在实践中感到实践的重要性，实践既促使他们不断学习，又为他们今后的工作和择业指明了目标。教师与学生这样贴近实际，缩短了他们与社会的距离，缩短了法律与实际的距离。

第四，教学场景的实践性。诊所教育强调采用真实的教学场景，不论是模拟练习还是办理真实的案件，诊所教学要求学生将自己置于实践场景之下学习。场景学习没有固定的模式，给学生的思维、创造提供了想象的空间。真实场景是一个变化的空间，学生在课堂上学习的理论知识必须与变化的实际相结合，它为学生提供了理论联系实际的舞台。场景教学的实践性与课堂教学的理论性的结合为法学院学生学习法律创造了良好的学习场景，一定的学习场景是现代化社会大学生学习的不可或缺的组成部分，它能促进学生学习的积极性，挖掘学生学习的潜在能力。

第五，课堂学习与课外实践相结合。诊所课堂学习经常会围绕学生正在处理的案件展开，大家一起讨论与案件相关的法律问题，寻求最佳的解决方案。因此，虽然每个学生在诊所中只负责一两个案件，但通过课堂内的交流和探讨能够获得不同的知识和感受，为学生提供思考、表现、创造及成功的机会。学生在实践中学习，教师在实践中施教。

综上所述，诊所法律教育原则对指导、规范诊所教育，推动诊所法律教育进一步发展具有重要意义。在诊所教育中，教育主体应当遵守和实施上述原则，并运用这些原则指导诊所教育的教学和实践。同时，教育主体必须对诊所法律教育原则不断地进行研究和探讨，丰富诊所法律教育原则的内容，为诊所法律教育的理论发展奠定扎实的基础。

（二）诊所式法学教育的方法

"通过培养学生基本的专业技能，诊所式法学教育不仅仅是传授了法学和法律知识，更为重要和有意义的是，学生得以理解法学理论和法律实践的相互关系。他们学会了如何运用理论解决法律实际问题、分析事实、提出解决实际问题的最为有效的应对策略。"①

1. 角色扮演教学法

角色扮演教学法是指由教师预定演练目标并事先选取真实案件的片段，由学生扮演不同的角色，学生通过扮演的不同角色来体会各种角色的感受、训练相关的法律技能、解决相应的法律问题、达到预定目标的一种教学方法。角色扮演是法律技能教学手段中成本较低的一种，也是一种理想的诊所教学方法。学生在接触真实案件并为当事人代理案件之前，都会被要求不断进行各种角色的扮演，目的是学习、掌握不同法律技能的策略、方法与技巧，为案件代理过程中的实际运用作好准备，最终实现最大限度地维护当事人的合法权益，取得当事人的认可。

（1）角色扮演方法的特点。角色扮演教学方法在教学过程中会运用到会见当事人、法律咨询，法律抗辩等诸多实务技巧。因此，该教学方法具有直观性和可重复性的特点。

（2）角色扮演方法的实施步骤。合理选择角色扮演的基本材料：①角色扮演所选用的素材应当与诊所教学目的及教学内容相符合；②应考虑应用于

----

① 王晓冬. 诊所式法学教育：定位于专业技能培养的法学教学新手段 [J]. 中国科技信息，2005（20）：112.

角色扮演的素材的现实性和客观性,可以从学生正在办理的典型案件中选取某些片段;③实用性是选择角色扮演素材的硬性要求,所选的素材必须能够使学生置身到角色氛围当中去,体验相应角色的真实感受。

角色扮演的内容主要有:每次角色扮演演练的时间及课时数、角色练习的主题、案件事实材料、角色演练的目标和任务、事先需要完成的阅读及其他准备事项等。

第一,安排场所。根据具体情况的需要,角色扮演演练的场所要有不同的安排,而不是固定不变的。大多数的模拟演练都可以在课堂完成,但具有特殊技巧训练内容的演练则需要在模拟法庭进行。例如,演练法庭中角色之间的抗辩。

第二,分配角色。角色扮演教学的任务角色主要有当事人、代理人、法官、检察官、证人等。角色的分配要在每次演练之前安排妥当,目的是保证整个演练活动的顺利展开。具体的角色分配方法可以根据情况自行拟定。例如,可由学生自主选择或者由教师根据学生个人情况进行指定。没有庭上角色的同学可以加入观察员队伍当中作为观察员,这些学生并不参与表演,但他们要对演练过程进行观察和记录,在演练结束后,根据自身感受对演练进行评价。

第三,学生角色演练。在角色演练中,学生对角色的感受来源于自己参与的角色演练。学生讲自己在课堂上学到的理论知识和有关法律技能的基础知识,与自己对具体案件事实和相关法律适用的理解充分融合,通过角色演练学和掌握相关法律技能的实际运用。诊所式法律教育的核心就在于学生演练中的角色扮演。在条件允许的前提下,对学生演练过程进行录像,在演练结束后对演练结果进行评价和总结并对学生进行有针对性的后期指导。

第四,观摩和评价。

一是学生的评价。除参加角色演练的同学外,其他同学应作为观察员对演练进行观摩。观察员要将整个演练过程中的重要内容进行记录,对各角色扮演者的特点、优势和不足都要进行记录,该记录是小组成员演练活动直接的信息反馈,参与扮演的同学可以针对信息反馈进行改进。这种方法对参演同学和观摩同学提高自身技能都有很大的帮助。

二是教师的指导、点评。角色扮演教学方法中，教师的指导、点评有两种基本方法，即辅助型和主导型。

辅助型指导方法，要求学生以观察员的评价为主，教师的指导点评为辅。具体来说，就是在完成角色演练后，先由在场的观察员对角色扮演者及演练活动进行直接的评价。观察员评价后再由教师进行必要的补充评价。这种方法对观察员学生的要求较高，一般适用于熟悉诊所教学并具有一定专业知识储备的学生。

主导型指导方法以教师的指导和点评为主。在学生角色演练结束后，先听取观察员的评价，如果教师认为观察员的点评还没能达到教学目标，就要对观察员评价中遗漏的内容进行必要、具体的点评补充，这种教师主导的评价方法一般适用于专业基础较薄弱的学生。

点评内容应包括学生角色演练中好的方面和有待改进之处，具体可以涉及学生演练时的举止谈吐、对案件事实的认识、证据的运用情况、法律技能的运用情况等。在某些情况下，教师可以对演练中存在的问题进行亲自示范指导，学生针对自身情况进行修正，加深对问题的理解。

（3）运用角色扮演教学法应注意的问题。一是要观察并如实记录学生在角色演练中的真实表现，并且做出及时的评价；二是教师在指导评价时要做到准确、明晰，具有针对性。

2. 反馈评价教学法

反馈评价教学法又称为"案件研讨教学法"，是一种来源于医学院的教学方法。在医学院的教学中，教师会固定地在一定的时间段对实习医生的工作状况进行检查，这有利于教师及时发现问题和解决问题，给予实习医生及时准确的指导。这种教学方法在诊所式法律教育中得到了广泛的运用。在诊所教学过程中，学生们根据指导教师的具体要求，在规定的时间里将自己承办案件的工作进度及时向指导教师以及其他同学进行汇报，并将自己在案件代理过程中的心得体会同教师和其他同学进行交流，最终在教师的指导下，由班级全体同学共同讨论决定问题最合适的解决方法。这就使学生可以将自

第五章　法学教育实践教学体系

己所有的意见和观点发表出来。学生通过教师对自己的点评,总结自身的不足,从而有针对性地开展下一阶段的学习。

(1) 反馈评价教学法的特点

第一,信息反馈及时。反馈评价教学法注重信息的及时反馈,因为信息的及时反馈可以使教师的教学工作和学生的学习都能有针对性地进行调整。

第二,优化学习途径。学生在一次又一次的信息反馈交流中得到了有益的启发,尽量避免碰壁,帮助其更好地解决实际问题,选择最适合自己的学习途径。

第三,提升实践能力。在教师与学生就遇到的专业问题进行讨论与交流时,学生会发现自己存在的不足之处以及如何弥补自身不足的方法,从而进行有针对性的改进。师生间进行信息的传递,可以达到互相学习、取长补短、拓宽思路的目的,并有助于提高教师的教学能力和学生的学习能力。

(2) 反馈评价教学法的实施步骤

第一,信息交流反馈。学生为案件办理所进行的准备、实际的办案过程以及办案的结果是诊所式法律教育信息反馈的主要内容。可以针对自身特点采用不同的反馈形式,既可以由教师与每个学生单独进行信息的反馈与交流,又可以安排全体同学进行集体信息反馈。目前,诊所式法律教育中主要采取集中式的信息反馈方式。集中式信息反馈会在固定分组的基础上,兼采自由组合、混合编组的方式。

第二,工作的讨论与评价。评价的对象是诊所法律教育中学生反馈的信息。评价分为指导教师评价、学生自我评价和其他学生评价,因此评价者主要是指导教师、学生自己以及其他学生。以上主体对学生通过实践所获得的技能以及为获得这些技能而做出的思考进行评价,一般不会对学生的信念、态度、价值等进行评价。评价的具体方式既可以是简单的口头评价,也可以形成书面评价意见。评价不是传统的以分数高低作为唯一的评判标准,而是以学生面临问题时做出的思考以及问题的解决效果为评价的主要标准。案件处理方法、案件实际操作过程和案件办理结束后的反思均会被纳入评价标准中。反馈评价教学方法在做出总结性论断的同时,会提出建设性意见,通过对学习的评价,将评价融入学习之中,使评价在学生的学习中发挥重要作用。在评价活动开始之前,指导教师应制定出讨论和评价的规则,这些规则既可以产生于教师一人之手,也可以由教师和学生共同讨论确定。评价规则一般应当包括:学生要积极参与讨论与评价;学生应有公平分享发言的权利;发表评价意见应当客观、真诚;遇到观点分歧时,应尊重他人的意见;等等。要保证讨论评价时有充分开放的气氛,推动学生的发散思维,能对各种想法进行归纳总结,最终确定思考结果,避免由教师一人进行活动的评价与指导。

(3) 运用反馈评价教学法应注意的问题

第一,对评价方法的掌握和运用。反馈评价教学的核心是对学生的反馈信息进行评价。教师可以通过学生实际办案反馈的信息进行教学重点的调整,学生也可以通过教师的评价来调整自己的学习。教师应对学生反馈的信息进行及时评价,并在评价后及时将其回复给学生,帮助学生改进实际操作技能。

第二,激发学生参与讨论和评价的积极性。首先,激发学生参与讨论和评价的积极性,要鼓励学生、培养学生的自信心,让学生感受到教师对自己的信任,要着重鼓励性格内向的学生发表自己的意见。其次,为学生提供一个自由与开放的讨论氛围。针对部分学生发言过多的情况,教师要进行巧妙处理,防止挫伤学生的积极性。教师应积极促动所有学生参与到讨论中。

第三,以评价主题为核心展开讨论。首先,及时收集学生反馈的信息;其次,在了解学生所反馈信息含义的基础上,对信息进行判断和确认;最后,对于反馈的信息要做积极适时的干预和指导。

3. 录像回放教学法

录像回放教学法是指教师对相关录像(包括国内外影片、学生代理案件的录像等)进行编辑,选取某些录像资料的片段播放给学生观看,学生通过观看录像片段,借鉴、模仿他人的成功经验或者反思他们的行为,从而掌握法律技能的一种教学方法。

(1) 录像回放教学法的特点

录像回放教学法的特点是信息量大、形象直观、便于操作，所以其应用的范围也较广。

(2) 录像回放教学法的实施步骤

第一，熟悉录像资料。将熟悉的相关录像回放片段作为教学材料，掌握演练所涉及的相关法律技能，要熟悉录像资料所涉及的时间、地点、当事人、纠纷性质、争议焦点、证人证言、鉴定意见、相关的法律规定等诸多情况。

第二，确定观看录像后需要讨论的主题。选取的讨论内容应立足于学生的知识、阅历和能力；目的是引导学生积极探索，激发学生的学习欲望；要在录像片段中确定讨论的主题，既可以将录像中值得学生学习和借鉴的法律技能作为讨论的主题，也可以将录像反映出的需要提高或改进的内容作为讨论的主题。

第三，播放录像片段。将事先选择好的录像材料进行播放，可以围绕某一主题进行完整播放，也可以将几个相近主题的录像片段进行对比播放。

第四，讨论点评。录像片段播放结束后，观看学生要就自身的真实感受做出评价。所有学生评价结束后，教师进行总结评价。

(3) 运用录像回放教学法应注意的问题。

第一，选取录像材料时应紧紧围绕主题，并且时间不可以过长，一般控制在3～5分钟为宜。

第二，就所选取的录像片段，对学生观看后可能发表的观点以及可能存在的其他问题，教师应进行预判，而且要针对这些问题事先做好准备。

第三，对学生的主要观点，教师应详尽、准确地记录，最终作为点评的素材使用。

第四，在对学生进行指导和提出建议时，教师应尽量做到具体翔实、有针对性，能够为训练和提高学生的实践能力提供切实的帮助。

第五，对演练中出现的重要内容和争议较大的问题要进行重复，并且教师要亲自演练进行指导，帮助学生更好地解决自身存在的问题。

4. 头脑风暴教学法

头脑风暴教学法又称智力激励法、脑力激荡法。会议是其具体开展形式。首先,要使整个会议过程保持自由愉快、畅所欲言的氛围;其次,所有人均可将自己的真实想法表达出来,促使思想火花的迸发,将不同的信息进行集中交流。这种教学方法多用于案件的策略筹划和证据的分析运用等方面。

(1) 头脑风暴教学法的特点

第一,简易便捷。头脑风暴教学法既不需要高深的理论知识作为基础,也不需要十分特殊的环境,实施起来简易便捷。

第二,集众人所长。头脑风暴教学法使学生的思想火花尽情迸发,各种信息进行交流融合,集众人之所长,最终确定最优结果。

第三,创新性强。头脑风暴教学法不拘束学生个人的想法,学生在参与过程中没有过多的顾虑,对于发掘学生潜在的创造能力具有重要作用。

第四,拓宽思路,培养人才。头脑风暴教学法提倡自由畅谈、禁止批评,对于培养学生创新精神以及开阔学生思路具有重要作用。

第五,增强团队精神。头脑风暴教学法以自由表达个人观点为基础,任何人都可以表达自己的想法,其他学生可对别人的观点或思路进行有益的吸收。这种信息的相互交流可以增强每个人的团队精神和集体荣誉感。

(2) 头脑风暴教学法的实施步骤

第一,前期准备。①教师应事先就所讨论的问题做好研究,寻找问题的关键所在,并据此制定所要达到的目标。②布置现场,为促进学生间的交流互动,教师要尽可能选择面对面的现场布置,如使用圆桌。③参与学生的数量一般应控制在8～12人。人数过多可能导致对每个人发表观点的时间和次数进行限制,达不到预期的效果,还可能出现难以掌控的情况。反之,人数过少将不利于各种思想间的交流,也难以达到预期效果。④时间、地点、所要解决的问题、可供参考的资料和设想以及需要达到的目的等事宜应在会前及时通知到每一位学生,给学生充足的准备时间。

第二,营造氛围。在头脑风暴正式开始前,要通过简单有效的方式营造

第五章　法学教育实践教学体系

自由、轻松、愉悦的氛围。教师应先活跃会场气氛，帮助参会学生进入无拘无束的放松状态。教师在阐明讨论规则后，可以引出一些有趣的话题，通过讲一些简短的小笑话和播放音乐等方式达到营造氛围的目的。

第三，明确问题。教师对需要解决的问题进行精练的介绍。不要求介绍得具体详细，只要说明关键点即可，防止过多地讲述限制学生的思维，不利于学生创新力和想象力的发挥。

第四，信息交流。信息交流也就是自由畅谈，为了使学生畅所欲言并保证这一环节的有序进行，教师要制定一些基本规则。信息交流开始前，教师要向参会学生讲明具体规则，合理安排发言时间，尽量保证学生将自己的想法全部表达出来。如果课间允许，建议在学生发言前给他们8分钟左右的独立思考时间。这段时间中学生自由想象，并将所有想法进行整理归纳之后，将在学生之间进行大量的信息交流，互相启发。经过这一信息交流过程，学生对所讨论的问题会有更加深入的理解。此外，教师要对学生的发言进行记录，将学生的独特见解和启发性表述进行整理，为后来的头脑风暴提供参考指引。

第五，信息筛选。经过上一阶段的信息交流，会产生大量与讨论题目相关联的设想，接下来就要对这些信息进行统一的整理与分析，在庞杂的信息里筛选出有实际价值的设想并加以开发实施。开发实施是对筛选出的设想进行处理，具体的处理方式包括专家评审和二次会议评审。专家评审由富有实践和教学经验的教师与其他学生组成评议团体；二次会议评审的主体为所有的参会学生，将所有人的评审意见进行整理后再通过对比研究选择最优的方案。

（3）运用头脑风暴教学法应注意的问题

头脑风暴教学法在适用过程中必须具有科学的程序，且作为教学对象的学生在参会时要避免盲目从众的心理，应将自己的真实想法充分表达出来，这样才能保证信息的多样性，学生才能通过不同的信息交流产生思维上的共振。头脑风暴教学过程应注意以下问题：

第一，教师要对头脑风暴教学法中所讨论的问题背景有全面的了解，这才能保证教师在发言时能激发学生的灵感。一般而言，在正式的头脑风暴开始前，教师要承担起前期营造气氛的工作，可以通过对学生进行询问的方式营造一个相对自由的气氛，使学生可以踊跃发言。教师要想办法鼓励学生积极表达自己的观点。教师要依据头脑风暴教学法的具体规则对学生进行适当的引导。

第二，严格遵守头脑风暴教学法的原则。头脑风暴教学法要求绝对禁止对参会学生进行批评，也不能在头脑风暴结束前点评学生的观点。教师应让学生自主发挥，尽量少干涉，不论学生的观点是否正确。另外，头脑风暴教学法还要求学生不能进行自我评价，学生提前进行自我评价也会影响到学生创造性思维的发挥，不利于达到教学效果。参会学生之间进行评价也是不被允许的，以免发言时影响别人的思路。这些原则用来保证给学生一个自由、愉悦的环境，使其不受过多因素的干扰，使学生能够集中注意力思考问题，尽可能地激发学生的思维创造能力。

第三，放宽思路，任由学生发挥。头脑风暴教学法不设置条条框框的规则，目的就是要帮助学生拓宽思路，不抑制任何人任何想法的产生，以引导学生提出创新性的想法。这一阶段不同于最后评价阶段，想法对错与否都不受限制，目的就是追求想法的数量，数量越多越好，以便可以在大量的想法中进行筛选对比。

5. 对谈式教学法

对谈式教学法来自诊所式法律教育中的督导制度。督导制度包括"督"与"导"两个方面，"督"是监督、督促、评估和检查的意思，而"导"是指导、帮助、服务和咨询的意思。对谈式教学法是通过督导制度实现在办案过程中教师与学生之间一对一地讨论交谈来寻求解决问题的方法与途径的一种诊所教学方法。

（1）对谈式教学法的特点

第一，学生高度参与。对谈式教学法主张自主、自由、尊重、平等、信任、多元、创新、合作等精神，这种理念贯穿于对谈式教学的全过程。对谈式教学法可以有效提升学生的参与度，增强学生的主体地位，实现以学定教、教服于学，并能激励学生独立思考与自主创新，逐渐培养学生独立、合作、创新的内在品质。对谈式教学法主要运用于会见当事人、法律咨询等方面。

第二，话题自由。对谈的话题来自学生在办理案件过程中遇到的程序或实体上的问题，或者是一些关涉办案的心理问题、社会问题、人际关系问题等。不论是怎样的问题，只要在学生看来与案件办理相关，都可以找指导教师进行交流。

第三，师生沟通、分享。对谈式教学法中主要有真诚沟通、主动表达、互相倾听、相互分享、自我反思、彼此质疑和自主创新等具体行为。师生作为参与者共同完成工作内容，都要进行独立思考。所有成员之间，包括教师与学生之间均保持一种地位平等的状态。教学中的"话题"一般不要求得出具体标准的答案，所以在选取话题时应避免出现有固定答案的情况，否则将会限制学生自由发挥的空间，不利于激发学生的潜能。

(2) 对谈式教学方法的实施步骤

第一，提出问题。对谈式教学方法以学生叙述事实和所遇到的问题为切入点。教师针对学生办案或学习过程中遇到的问题进行指导、沟通，既可以探讨诊所教学的内容和方法问题，也可以针对办案的思路及办案过程中的相关问题进行研究讨论。

第二，引导学生。对谈式教学法与传统教学方式相比，学生不再处于一种"灌输式"的被动学习状态。教师不能把答案直接传达给学生，而是应与学生处于平等的地位，认真聆听学生提出的问题，弄明白出现问题的原因，再经过自己的整理与编排，以一种引导的方式传授给学生。引导学生时应注意不同学生间的知识基础差异，要对不同知识基础的学生给予不同程度和形式的引导，使学生可以在自身知识基础上借助教师适当的引导来思考问题。

第三，筛选和比较。学生在诊所教师的启发引导之下，将自己解决问题的思路和方法讲出来。学生由于专业基础较为薄弱，经验不足，所以想法可能有对有错，甚至会出现天马行空的想法。但无论其想法如何，教师都应对学生的努力结果给予尊重。对学生在思考时出现的问题，教师应循着学生的思考过程来寻找出现错误的原因。发现症结所在后，教师不应直接告诉学生哪里出现了问题，同样应该以引导的方式帮助学生自己去发现出错的原因，使学生在对比中发现自己想法的不足，从而寻求更好地解决问题的方法。

传统教学中遇到问题，教师会直接告诉学生问题出现的原因或者答案；而在对谈式教学法中，不仅教师要改变传统的教学思路，就连学生也要改变直接向教师获取答案信息的学习习惯。每个问题都需要通过教师和学生共同创造对谈氛围、演示探求真理的过程来解决，这样才能保证最终的结论是学生在教师的启发下自主形成的。与其他教学方法相比，对谈式教学法比较耗费时间和精力，同时也是与中国传统教学思路相冲突的。但对于学生而言，方法的好坏取决于教学效果，该方法不会将现成的答案直接教给学生，而是通过锻炼学生的独立思考能力，再加上教师的合理引导，帮助其自主寻找到问题的答案。

（3）运用对谈式教学法应注意的问题

第一，学会倾听。在对谈式教学法中，教师必须对学生的想法进行认真地倾听，这是其适用的前提。师生间的谈话要在教师的启发中开始，在学生的述说中进行，在教师的点评中升华。在教学活动中，教师不但要领会学生语言表达的真实意思，而且还要理解学生的肢体语言，将学生不能表述或遗漏的意思揣测出来。为了使倾听达到预期要求，建议教师在与学生交流时保持高度集中的注意力，细心观察学生的每一个举止行为，力求不错过任何一个细节，要特别注意学生谈论时使用的词语、表达自己想法的方式、谈论别人时的态度、陈述一个事件时所带的情感色彩，对于学生说话时的语调、语气、语速等的变化也要特别注意。

第二，积极及时地回应。教师除了要进行倾听，还要对学生进行适当的回应。既然是师生交流就要有互动的过程。如果教师仅仅是一味地倾听，由学生一个人表达，这就不能称为交流，自然也就不能实现沟通所起到的作用。教师对学生的适当回应可以根据教师的个人选择采用语言形式或者非语言形式，教师应对学生提出的问题和想法给予充分的尊重，并且要鼓励学生畅所欲言，在此基础上了解和掌握与学生谈话的内容。教师对学生的谈话应该持鼓励支持的态度，不应该评判和阻止。教师要避免出现厌恶、气愤等影响学生积极性的神态，多给予学生认可和微笑。

第三，努力营造愉悦的对谈氛围。诱导是对谈式教学法的重要因素，通过诱导进行潜移默化的思想渗透，进而转变人的思路。这不同于指导具有一定的强制性色彩，它更容易被接受。它要求开启学生的学习思路，不断引导学生在学习过程中产生自己的创造性认识，为学生提供一个自由的学习氛围。一个愉悦的学习氛围是十分重要的，需要教师在师生关系中真诚对待学生。对谈式教学法还要求教师懂得接纳和认可学生，无论学生在这一过程中遇到什么情况，产生何种情绪，教师都要以积极的态度去接纳，并给予理解和帮助。同时，教师要懂得进行换位思考，从学生的角度去认识学生、认识问题，这样一来就很有可能发现平时忽略的问题，而这些问题对教学来说可能是十分重要的。

6. 合作式教学法

合作式教学法是一种参与式或协作式的教学方法，这种教学方法要求将学生作为核心，通过灵活多样的教学手段鼓励学生积极参与教学过程，使之成为其中的积极成分。该手段要求加强教师与学生之间以及学生与学生之间的信息交流与反馈，使学生可以掌握并深刻地领会自己所学的知识，最终将这种知识应用于实践。合作式教学法作为一种参与式教学法，近年来在国内兴起，并在各法学院、系得到推广和运用，这种方法对于培养学生的批判性思维能力具有重要意义。

(1) 合作式教学法的特点

合作式教学法主张学生进行合作学习与研究，不仅自己要进步，还要在合作学习中达到共同进步的目的。所以，合作式教学法主要运用于会见当事人、证据分析与运用、案件策划等方面。

(2) 合作式教学法的实施步骤

第一，组建办案小组。办案小组成员的数量确定应合理，小组人数过多或者过少都会影响小组的学习效率，一般每个小组的成员应控制在3～4人。保持这个小组的人数有利于保证每位小组成员都有参与合作的机会并使知识来源多样化，便于教师的组织与监控。在进行分组时，要充分考虑学生的个人意愿。

第二，小组合作活动。一是，以实际案件为导向的合作教学模式，是指以学生所代理的案件为基础，教师训练学生在真实的案例情境中全方位、多角度地思考，引导学生在原有知识的基础上进行假设、质疑、推理、反思、讨论，探究客观事实，以挖掘学生潜在的智慧和能力。教师根据学生代理的案件，以办案小组为单位，以学生在办理案件时遇到的问题为线索，告知学生去查找相关文献资料。教师要支持并鼓励学生进行假设和质疑，逐渐激发学生自主学习的热情，使学生在办案过程中再次遇到问题时，能够积极主动地去查阅资料并进行分析讨论，一边为当事人代理案件，一边学习、积累经验，为更好地代理案件打下基础。

二是，以角色扮演为导向的合作式教学模式。作为现代合作式教学法的独特代表，角色扮演教学法有利于培养学生处理实际问题的能力与沟通技巧。通过资料查阅、创设情境、讨论和排练，学生完成课前准备工作，在课堂上以课程内容为中心进行真实模拟演练，这时就要模拟当时真实的情景并需要进行录像。角色扮演结束以后，在教师的主持下，学生进行集体讨论和总结。教师在演练过程中也可以参与其中，但只能扮演当事人等辅助角色，代理人和辩护人等角色必须由学生来扮演。教师用设计好的问题向学生提问，目的是帮助并引导学生针对案件中相关的事实或者法律问题进行思考。案件处理方案的形成需要在教师和学生不断的讨论交流的过程中形成，不应在完全由学生一人思考而教师不给予任何指导和帮助的情况下产生。教师通过这一系列环节训练学生的思维能力，并在角色扮演结束后对学生办案过程中存在的不足之处进行指正，对好的方面进行表扬和鼓励。

第三，课堂汇报。

一是，独立思考—对话—小组讨论。针对学生办理案件的实际情况，教师要整理出重要的问题，由学生自己根据已有的知识储备进行独立思考，待个人思考结束后再在小组内成员间进行集体交流与讨论。小组内的处理意见达成一致后，继续同其他学生进行交流，争取最终所有人达成一致意见。

二是,小组成员主要发言,其他学生进行补充。办案中遇到的问题在教师进行整理之后,交给同一办案小组的不同成员,要求每名成员对教师给予的问题进行信息检索与分析,最终将自己解决问题的思路和答案记录下来。课堂讨论时,接受不同问题的学生针对自己的想法进行发言,之后再由其他同学发表个人观点。

三是,编号讨论法。针对案件中出现的典型问题,教师可以依次进行编号,并对学习小组成员也进行编号。先由各小组进行讨论学习,小组讨论学习结束后,教师随机选择某一问题编号,对应编号的小组成员需要代表整个小组对教师提出的问题进行答复。

(3) 运用合作式教学法应注意的问题

第一,正确认识"教"与"学"之间的关系。合作式教学法强调教师与学生地位平等,学习形式与方法的选择要从学生的角度考虑。但这并不是走向传统教学形式的另一极端,教师的角色不会因此弱化,学生也不是完全自主。教师只是从"台前"转移到了"幕后",学生由被动式学习转化为主动学习。所以,教师的职责是筹划和指导,学生的任务是求索与应用,传统的"教"与"学"之间的关系被赋予了新的含义。教师的职责是对教学进行宏观设计和学习指导,并对学习成果进行评估。宏观设计主要是指对教学任务和学习任务的规划;在教师的设计、指导、帮助下,学生进行自主探索。合作式教学不仅关注学生给出的答案,更关注答案究竟是如何得来的,目的就是让学生学会探索和思考。在这一过程中学生的思维得到了一次又一次的锻炼。

第二,制定规范的合作式教学制度。无论何种教学形式,都要求具有完备的教学制度和组织形式。合作式教学法强调以学生为主体,这一观念贯穿于其制度规则中,因此,学习小组应具备以下条件:

一是明确的学习宗旨。学习小组是合作式教学法必备的条件,学习小组要完成合作学习的任务,通过教学过程使学生得到锻炼,实现预期的教学目标。

二是明确的职责分工和协作机制。教师事先安排每名成员的具体工作内容，并且促使成员间紧密合作。

三是定期开展集体学习活动。合作式教学方法需要大量的集体活动来服务于成员间的交流和学习，帮助学生完成学习任务；开展集体活动有利于促进各成员间的融合，通过反复交流促进学生对问题的理解。

四是明确的研究型学习任务。合作式教学法适用于应用性专业知识的教学，重点在于培养学生的个人能力。学习小组以这一任务为中心进行思路梳理、资料搜集、提纲研究、法律文书撰写和成果交流，以此深化对知识的理解和运用。

五是规范化的交流平台。以期刊、讲座、网络等平台为载体，给学生提供相互交流、分享和学习的机会。

六是固定的指导教师和广泛的学习资源。合作式教学法的教学资料不限于教材和书本，只要是有利于教学的资源都可以应用，这有助于学生实现探索式学习，使其思维拓展到更广泛的领域。

第三，对教学成果与成效进行准确评定。合作式教学法具有开放性的特点，为了保证合作教学的正确方向和高效率，教师必须对教学成果、成效进行合理评定。评定教学成果时，主要关注学生究竟学到了哪些知识；而评定学习成效时，要看学生实际能力的提升，以及掌握实践技能的情况。从这两个方面出发，具体的评价内容包括学生的学习成果、基本能力和特定能力。而基本能力又包含协同能力、研究能力、表达能力、沟通能力等；特定能力包括分析判断能力、思辨能力、文书撰写能力等；评定的对象可以分为成果质量、学习效益、进步幅度、自主性、创新度、特色性等。在评价方式上，主要侧重于对过程的评定。

第三节 递进式法学实践教育体系构建

一、递进式法学实践教育的认知

"递进式"是指后一阶段以前一阶段为基础，有层次、有阶段地不断创

第五章 法学教育实践教学体系

新深化的模式。实践教育相对于理论教学而独立存在,但又与之相辅相成,旨在通过对学生实践活动(包括生产实践、社会实践、科学实验)的引导与调控来传承实践知识,形成实践技能,发展实践能力,提高综合素质。"递进式法学实践教学更注重通过有层次、有阶段、不断深化的模式来引导学生进行法学实践教育,其具有综合性、开放性、主动性和创造性等特点。"①

递进式法学实践教育是指专设于研究法、法的现象以及与法相关的专门学科中的,与法学理论教学独立存在,但又与之相辅相成,旨在通过有层次、有阶段、不断深化的模式来引导学生进行法学实践教育,从而传承法学实践知识,形成法学实践技能,发展法学实践能力,提高法学综合素质的法学教学活动与方式。明晰递进式法学实践教学的内涵是深入研究递进式法学实践教学问题的必要前提和有力铺垫。

(一)递进式法学实践教育的特性

相较于传统的法学理论教学而言,递进式法学实践教学具有以下具体特征:

第一,综合性。综合性主要体现在两个方面:递进式法学实践教学本身在教学内容与形式上是综合全面的,它对学生的培养也是综合全面的。递进式法学实践教学既重视学生针对实务案件、实务法律问题的背景分析能力、裁断处置能力和理论提升能力,也关注学生与经济社会发展相适应的思想观念、学习方法、行为模式和健全人格的培养。

第二,主动性。递进式法学实践教学强调学生主观能动性的自由发挥,在排除某些必须遵循的学术理论规范之外,递进式法学实践教学充分尊重并积极倡导学生将自己的所学所感运用到社会调查报告、学术科研项目、毕业论文上来,在题目、研究形式、研究过程的选择上提出自己的独到见解,这为高校学生主观能动性的发挥提供了广阔的天地。递进式法学实践教学要求学生主动参与和体验具体实践,并在参与过程中验证法学理论知识,分析法律实务问题,解决法律实际问题。而教师在其中一般处于辅导地位,并不时

---

① 孙桂华.递进式法学人才培养实践教学体系:理论阐释与策略分析[J].劳动保障世界,2020(8):61.

时刻刻关注其具体操作,主要进行方向性的引导工作。

第三,创造性。递进式法学实践教学希望营造一个综合多样、独立开放、切合实际的法学实践教学活动环境,它可为高校学生提供大量的创造性活动的机会,为其创造力的生成和深化提供又一崭新平台。比如,顶岗实习、社会调查、毕业设计等都不再是盲目的、多次重复的过程,而是真真切切地要求学生自主运用基础性法律知识解决具有一定现实意义的具体问题的过程,进而在实践中实现理论体系的提升和发展,使学生的创造性人格、创造性思维、创造性技能得到较好的锻炼和培养。

(二)递进式法学实践教育的目标设置

递进式法学实践教学的目标设置,就是对这一教学模式所期望达到的实际目的的预设,这是整个教学体系搭建中的重要环节之一。递进式法学实践教学的目标决定着从出发到结束的运行轨迹,并运用科学完备的评价体系帮助其在循环往复中渐趋完美,是开创者和体验者自我评价、自我完善的重要依托。

1. 递进式法学实践教育的总目标设置

根据反映层次的系统性,法律学科的知识体系可划分为理论知识和实践知识两大板块。理论知识是指经过官方教育机构研究整理后的系统化的法学本质规律和经验教训,而实践知识则是通过具体的法学实践得到确证并升华领悟的法学知识。二者在获取途径、存在形式、自身特性上存在明显差异,但又密不可分:法学实践知识是法学理论知识上升为法学素养和法律技能的必经之路,而法学理论知识是获取法学实践知识的基础性要素。

就目前而言,已形成的高校法学教育模式多是以法学理性主义为基础,因而将法学理论知识的教授摆在了至高无上的地位,在实际操作中重理论而轻实践,一味遵循由法律理论到法律实践的单向循环。法学实践教学被当作法学理论教学的从物来对待,是法学理论教学的延伸和补充,没有自身相对独立的、完整的教学体系,甚至没有自己明确的教学目标。

鉴于此,法律实践教学的发展必由法学教育观念的革新迈步,要充分认识到法律实践知识必须且只能从实践中获取,它需要学生长期与法律事务及其背后的人际网络进行交流才能提炼出来。因此，法学实践教学在高校法学教育中所占的比重必须加大。

（1）法学实践理性。法学实践理性是指在法学领域，人类应当以何种方式处理人、自然和社会之间的相互关系。

法学实践理性实际上是在法学领域中创制法则的过程，其最根本的特征是追求善和合理，将个体的目的与不断变化的实际情况相结合以改变和塑造法学实践领域。法学实践理性与法学实践活动之间相互依存和相互影响。一方面，法学实践理性可视为法学实践活动的智慧核心，它指导着法学领域中的主体，使其能够在符合设定目标的轨迹上积极从事法学实践。另一方面，法学实践活动则不断为法学实践理性的形成和发展提供源源不断的资源。法学领域中的主体只有通过持续不断的法学实践活动才能逐渐构建自身的法学实践理性，与不断变化的实际情况相适应并不断进化。

递进式法学实践教学活动是法学领域中教师与学生之间的自主和自觉活动，其进行必须在法学实践理性的指导下，并在一定程度上促进法学实践理性的提高。总体来看，法学实践理性是递进式法学实践教学总目标体系中的重要组成部分，其目的在于鼓励学生积极从事法学实践，建立一定程度的法学实践理性观念。

第一，转变学生对于法学学习的既定感受和片面认识。培养和提升学生的法学实践理性，要求学生信仰、推崇与接近法学实践，这有利于转变学生已形成的对法学学习方式的既定感受和片面认识。

第二，帮助学生树立一定的法学实践理性观。法学实践理性观是基于法学基础理论与探索实践的对法学领域中主体价值及目标追求的思考和认同。在递进式法律实践教学中，法学实践理性观的树立就是引导学生站在"第三人"的角度客观地、全面地、带有自身思考地去审视实践行为，实现学术目的、价值取向及道德伦理的"三位统一"，注重自身历史使命感和社会责任感的形成。

（2）法学实践策略。伴随着国家法治进程的日益加快，培养综合能力较强的复合型法学人才已经成为社会和高校教育的共同需求。这就要求高校学生要同时具备扎实的法学理论功底和法学实践技能，并在此基础上能够熟练运用一定的法学实践策略，学会将"是什么""怎么办""怎么办好"三个问题综合考虑和解决。

在递进式法学实践教学活动过程中，培养学生的法学实践策略就是要求其在明确法学实践活动目标的同时，学会根据具体实践活动的不同特性来选取最优方式解决实际问题。这可以在极大程度上避免学生被动地接收模板化教育，防止学生盲目地照搬套用书本知识，帮助他们学会对比、学会反思，以求适应复杂多变的社会环境。

第一，形成法学实践策略。法学实践过程中面临的实务问题是与众多社会因素交织存在的，这就决定了它不可能与书本中系统归纳的学术分类完全吻合，需要运用一定的法学实践策略来加以分析和解决。但在实际生活中，法科类学生往往存在极强的"实践惰性"，即在处理事务的过程中生搬硬套理论，结果往往不尽如人意。因而，在递进式法学实践教学过程中，要合理设置课程安排，帮助其形成法学实践策略。首先，帮助学生形成准确的目标意识，即能够在具体问题出现的"第一时间"抓住症结所在，并以此为"靶心"引导自身行为；其次，帮助学生形成理性的选择意识，即将法学理论知识、法学实践技能与问题实际特征三者相融合，合理运用法律条文及其透视下的执法程序，做到全面分析、多样考虑，进而"优中选优"地解决问题。

第二，优化法学实践策略。从实际出发，法律实务问题不仅不会与理论分类完全重合，还会随着空间、时间的迁移而发生变化，这就要求学生必须学会优化法学实践策略，在执行既定方案时不断进行修正，实现运动中的"优中选优"。首先，要培养学生的运动思维能力，即帮助学生在接触法学实践之初就形成"问题不解决，思考不中断"的良好习惯，防止思维上的停滞不前；其次，培养学生的总结反思能力，即有意识地收集法学实践过程中通过反思得来的知识碎片，并将其与体系化的法学理论知识相结合成为具有普遍参考价值的思维策略，以提升实践效率。

第三，法学实践智慧。智慧是教育的最高目的，真正的教育就是具体知识、技能和经验的本体化过程。它帮助人们更加清楚地认知自然属性和社会属性相叠加的自我，并能够在现在和未来发展的诸多转变面前不慌不忙，泰然处之。

在社会高速进步的今天，高校学生应当成长为知识的真正主人，这就必须将其实践智慧的培养摆在极其重要的位置上。因为，没有实践智慧就无法深刻理解时代的本质内涵，也就不能明确人在这个世界中的合理定位和天然职责。另外，就递进式法学实践教学过程本身而言，其所希望达到的目标是高校学生能够自如地应对多变的社会环境，准确高效地解决并不规范的实务问题，这是有限的课程教学所不能实现的。必须在此过程中抽象升华为法学实践智慧，以智慧统率思维和行动。

法学智慧是由法学知识上升而来的，但法学知识永远不会自动转化为法学智慧。它需要人们能动地"纳入"和"输出"，通过无数次法学实践经验的过滤，最终与本体"合二为一"。

递进式法学实践教学的总目标设置是递进式法学实践教学体系形成的重要环节，是为实现复合型法学人才培养所进行的建设性探索。它是由法学实践知识、法学实践理性、法学实践策略和法学实践智慧有机结合组成的，四大要素之间相互影响，缺一不可：法学实践知识是基础，解决方式问题；法学实践理性是内核，解决方向问题；法学实践策略是催化剂，在法学实践理性的制约下解决优化问题；法学实践智慧则是灵魂，当面对复杂新颖的问题时告诉我们怎样"以不变应万变"，从而创造性地解决问题。

2. 递进式法学实践教育的课程目标设置

法学实践教学课程目标不同于具体课程目标、单元目标与课时目标（单元目标与课程目标的逐级具体化），其设置存在差异。以下就递进式法学实践教学整体课程目标（含单元目标与课时目标）的来源与确定进行理论性剖析。

（1）递进式法学实践教育课程目标的来源

递进式法学实践教学课程目标最基本的来源是主体需求、学科需求和现实需求三大板块。主体需求是指"完整的人"的身心发展的需要，即学习者人格发展的需要。学科需求是指法学学科在内涵上的充实以及在外延上的拓展。现实需求，如从空间维度看，是指从高校所在地区到一个民族、一个国家乃至整个人类的发展需求；如从时间维度看，不仅指社会当下的现实需要，还指社会变迁趋势下的未来需求。

(2) 递进式法学实践教育课程目标的确定

第一，确定递进式法学实践教育课程目标的纵向层次。综合主体需求、学科需求、现实需求三者因素，评析递进式法学实践教学目标，纵向确定递进式法学实践课程目标的课时、单元、课程安排。

第二，确定递进式法学实践教育课程目标的领域分类。综合法学教育理念与学科价值指引，在充分考虑课程可行性、连贯性、覆盖范围和发散程度的前提下，建立递进式法学实践教学课程目标的领域分类。

第三，确定递进式法学实践教学课程目标的表现形式。依据递进式法学实践教学的目标取向，确定其"普遍性目标""表现性目标""创造性目标"的表现形式，并处理好三者之间的相互关系。

第四，确定递进式法学实践教育课程目标。在经历了纵向层次确定、横向领域确定和表现形式确定三个主要步骤以后，递进式法学实践教育课程目标的基本内涵也就被确立下来了，它可具化为内容明确、体系完备的法学实践教育课程目标。

(三) 递进式法学实践教育的课程设置

目前，形式多样的法学实践教学正在我国庞大的高校版图上如火如荼地进行着，具体课程的设置主要有模拟法庭、审判观摩、专业实习三种形式：①模拟法庭是模拟整个案件的庭审过程的实践性教学课程，它选用现实生活中具有典型性、代表性的案例，让学生分别扮演现实庭审中的各种人物角色，根据相应的程序法和实体法的各种规定进行模拟庭审；②审判观摩是由学校主动地、带有教学目的地组织学生到人民法院实地观摩典型案件的具体审判流程的实践性教学课程，帮助学生在身临其境地参与庭审各阶段的过程中加深对实体法和程序法的认识、理解和掌握；③专业实习是指在学校和单位的共同组织安排下，在校学生开始接触并从事一定的司法实际工作，以培养和训练其综合运用法学理论知识的能力，并借以提升其社会知识、工作技能和实践经验的实践性教学课程。

1. 课程设置的模块

课程设置应当将递进式法学实践教学的预设目标细化，按基础技能模块、专业技能模块、拓展技能模块三方面对实践课程的内容进行丰富。具体做法如下：

（1）基础技能模块。基础技能模块的设置旨在培养学生作为社会高层次人才所需掌握的基础技能，具体包括语言表达能力训练、社会调查能力训练、理论写作训练、疑难评析能力训练四大课程。

第一，语言表达能力训练。职业属性决定了法律工作者需要具备较强的语言组织能力和逻辑思维能力，所以开设语言表达能力训练课程是必要的。该课程着重调整学生在语言表达时的体态、语调、语速等关键要素，并在此基础上提升其对语言的剖析能力和辩论技巧，通常以演讲比赛、辩论比赛等形式在本科较低年级开设。

第二，理论写作能力训练。理论写作能力训练主要以现有高校普遍采用的学年论文与各类专业习题论文叠加组合的方式进行，旨在教会学生如何挑选研究方向，拟定论文题目，查找理论依据，并按照规范性格式完成一篇优秀的学术论文，形成良好的文字表达能力，为以后能够通过简练的文辞、清晰的层级说明更加复杂的理论问题做好铺垫。这一类课程通常安排在理论课程相对密集的大二、大三阶段。

第三，社会调查能力训练。社会调查能力训练，是由法学学科的时代性和实际性所决定的，通常按照指导选题、预设提纲、实地调查、总结提升四个步骤依次进行，以期望发掘学生主动寻找理论与现实差距的内在动力，帮助其在社会生活中有所思、有所想，进一步了解法学学科的实际运用环境和显著问题。这一类课程通常被安排在本科低年级的寒暑假期间，以便学生能够有足够的时间和空间去发挥其主观能动性。

第四，疑难评析能力训练。疑难评析能力训练主要以课堂教学与讨论为载体，引导学生对典型疑难案例进行思考探究，由此调动学生的学习热情和动力，并教会学生如何去把握实际问题中的主要矛盾和突破口，以求让学生在解决实际法律问题之前便形成一定的分析解决问题的能力，掌握一定的科学方法。这一类课程一般分两类，分别在大二、大三期间开设：在理论课程相对较多的本科二年级穿插于法学理论课程中，来帮助专业知识的消化吸收；在理论知识相对完备的本科三年级，多以专题案例分析课的形式出现，旨在培养学生具体分析案件的能力。

（2）专业技能模块。专业技能模块的设置旨在深化基础技能后进一步检验和提升学生对法学专业知识的掌握程度及处理实际法律事务的能力，基本由以下四个板块组成：

第一，审判观摩。审判观摩笼统来说，就是有目的性地组织学生走进真实的法庭判案现场，用眼去看、用耳去听，用脑去思考、用心去体会，以熟悉各类案件的审判流程，认识双方当事人、审判人员、辩护人员的角色特点和功能作用，进而感知法律法庭的公正公平和法律人职业的神圣重要。课程的具体设置主要由学校根据法学理论课程的设置来搭配安排，通常按照先易后难、先民事后刑事的规律进行。

第二，模拟庭审。模拟庭审与审判观摩是实践教学"组合拳"的两个方面。后者在前，旨在熟悉流程与角色；前者在后，旨在模拟具体法律案件的处理。这主要是为了检验学生法律理论知识的扎实程度，并培养其将理论与实际相结合的能力。该课程同样需要与法学理论课程同步设置，并与审判观摩相结合，组织学生轮流担任案件庭审过程中的各类参与人员，根据案件选题查找资料并按庭审流程进行审理，最后由学生和观摩教师共同完成自评和他评，从而循环提升。

第三，法律咨询。法律咨询是指学生在专业教师的引导下，通过开设面向社会大众的法律咨询平台等方式，对实际法律问题进行义务解答和讨论的实践教学形式。法律咨询课程的设置：首先，能帮助学生迈出走向社会的"第一步"，让他们对以后即将应对的实际问题有所了解；其次，这些实际问题的出现有利于将学生引向对理论知识的反思，并敦促他们将这些知识转化为解决问题的方法和能力；最后，法律咨询是培养法学学生社会责任感最有效的途径之一。该课程可以依托学校里形式多样的学生组织，以志愿服务的形式实施，遵循老带新的模式，选取知识体系较为完备的大三学生作为中坚力量。

第四，专业实习。就当前而言，专业实习基本已经纳入法学学生的学习计划中，采用的方式也较为一致：以高校和司法事务部门共同策划实施，安排在校学生跟随法律工作者从事具体案件的分析处理，熟悉规范流程，学习实用技能。该课程可以有效实现学生从理论人才到实用人才的合理转化，不论是对于继续留在高校深造，还是即将进入工作岗位的学生都具有十分重要的价值。该课程通常设置在本科大三年级的寒暑假期间。

（3）拓展技能模块。拓展技能模块的设置是当以上两个模块进行到一定程度时，对法科学生知识水平、实践技能和职业素养的合理性拔高，通常运用的方式包含以下三类：

第一，法律援助。法律援助是实现法律知识、实用技能、职业素养"三位一体"综合提升的实践课程，具有极高的"性价比"。其通常是以优秀的高年级学生为主力军，在专业教师的参与下，以义务法律援助者的身份为家境贫困或特殊缘由的案件当事人提供援助。这要求实际操作的学生能够将理论知识、法律条文和案件实际有机结合起来，整体完成一个案件。

第二，毕业实习。毕业实习是针对本科毕业学生专项安排的法律事务实习，主要通过在人民法院、人民检察院等司法机关部门进行协助办案或顶岗实习等方式实现，目的在于检查和提高学生对处理社会法律事务流程的熟悉程度和应变处置能力。该课程通常设置在本科毕业年级下学期，但伴随着社会分工的不断细化以及国家开放程度的明显提升，本科学生在就业与升学方面的选择日益多样化，这一课程的实际作用也就相应地被弱化了许多。

第三，毕业论文。毕业论文的写作与答辩是本科学生顺利毕业的最后一道"门槛"。相较于学年论文而言，毕业论文在选题的深度、广度方面都要严格许多，它不仅要求学生能够有重点、有层次地清晰论述法学理论问题，还要求学生能够在掌握知识的基础上有所创新，能够发现新问题、解决新问题、提炼新理论，是对学生理论写作能力和科研创新能力及综合素质的专项提升。该课程通常需要本科毕业生用大四一整年的时间来完成，以便其有足够的时间进行研究方向的考虑、研究步骤的谋划，并有针对性地进行社会调查、数据统计和理论资料收集。

2. 课程设置的问题

除课程设置本身以外，还应当注意以下三个问题：

（1）建立更加规范完备的实践教学课程体系。针对传统的实践教学课程存在的弊端和突出问题从以下方面加以完善：首先，增加实践性教学的资金投入，建立、完善更多的、更好的实践场所和设施。其次，从数量和质量上完善教师队伍建设。高校应当严格根据招生数量及课程设置配备专业教师，努力通过精品课堂建设、授课技能比武、专业技能进修等方式提高教师队伍的综合素质，并鼓励教师合理参加部分社会活动以提升课堂的生动性。最后，在教学计划和学生成绩评价体系中，加大实践教学活动得分比例，在学生学习法学理论知识的同时增强教师和学生对实践性教学课程的重视程度。

（2）广开渠道，善打"组合拳"。任何实践教学方式对学生实践能力的培养都会有不同方面的侧重，因而也必然会有固有缺陷和适用局限。所以，合理创造更加形式多样的实践教学方式、对不同群体属性和不同成长阶段的学生采用不同的实践教学方式、对某一学生在某一阶段采用组合式的多样实践教学方式来综合提升学生的整体实践能力，都是亟须提上议事日程的。同时，日益增长的学生实践需求量与相对有限的实践资源之间长期存在的本质矛盾要求我们加快拓展实践性教学渠道，以实现实践性教学开拓发展的良性循环。

（3）探索和尝试建立国际法学实践基地。在经济全球化的影响下，国家、国际组织之间的交往越来越密切，涉及的法律问题越来越多，对于国际法律人才的需要量也越来越大。为了适应当今形势的需求，我国一些高校正在和一些重要的国际组织和国际机构建立联系。而我国的实践基地主要限于国内，因此为了更好地培养卓越的法律人才，提高我国法律人才处理国际事务的综合能力，应紧扣商务部与高校联合组建实践教学培训基地及中国—东盟高端法律人才培养基地建设的背景，探索和尝试建立国际法学实践基地，更好地为学生提供了解和处理国际事务的机会和平台。

二、递进式法学实践教育的测评机制

(一) 递进式法学实践教育的质量测评功能

实践教学质量评定是通过评估影响质量的每个因素,促进其不断改善,进而保证实践教学培养目标的实现的一种非常有效的教学管理手段。一般来说,实践教学质量评定具有评估、反馈、激励这三种功能,具体表现在以下几方面:

第一,评估功能。对涉及实践教学环节的人、物、管理等因素的现状作出比较客观的判断,并及时掌握实践教学环节的总体情况,这称为实践教学质量评定的显性功能。实践教学质量评定对实践教学的成功与否具有重要的参考价值。

第二,导向功能。在实践教学过程中,校方和学生通常通过参照实践教学评定指标来进行实践教学,他们的行为往往会因实践教学评定指标体系的不同而显现出差异。因此,评定指标体系的具体指标及质量要求对实现教学的发展与提高具有明显的导向作用。

第三,激励功能。实践教学评定将实践教学质量分为优良好坏,这样的质量等级区分和对实践教学的全面评价可以促使高校内部竞争激励机制的产生,为实践教学营造一个公平、合理的良好竞争环境,从而有利于调动从事实践教学的教师、学生和管理人员的积极性。

第四,建设功能。通过对实践教学活动的评估,揭示实践教学的现实状况及潜在问题,不仅有助于推进实践基地的建设和改革,同时也有助于学校有针对性地加大投入,优化实践教学条件,为实践教学创造一个优质的环境。

(二) 递进式法学实践教育的质量测评原则

1. 科学性原则

科学性原则,指实践教学质量评定要从全面素质质量观出发,根据学校的定位与教学实际,依照人才培养的目标要求,科学地制定出实践教学质量的评价指标体系。质量评价体系的设计以及评定指标的设定必须符合客观认识对象的性质、特点、关系及运动变化的规律。所以,在制定每一项评价指标时,都必须通过科学论证,使得每项指标的设立都有科学依据,并直接反映实践教学环节的质量。各指标名称、概念必须科学、准确,能够充分运用现代的科学技术定量评定实践教学环节的质量。

2. 系统性原则

实践教学质量是通过多方面的情况综合体现出来的,全面评价实践教学质量是一个非常复杂的过程。设计评定指标体系先要明确评定目标,确定一级指标、二级指标以及主要观测点和评定标准;整个实践教学质量评价指标体系必须有系统性,各项评定要素必须有可比性。

实践教学质量评价体系作为一个非常庞大、综合的系统,按评价对象可以分为三个层次:第一层次是以学校为对象进行的评估,即对学校的办学定位、实践教学队伍、实践教学条件、实践教学管理队伍和管理制度等各个方面进行宏观评价,是从整体上对学校的实践教学质量与水平进行评价;第二层次是以学院为评估对象,学院是学校的基本教学单位,所以要着重评价实践教学的过程性目标和阶段性建设目标;第三层次是以实践教学具体环节为对象进行教学质量评估,这可以称为实践教学质量评价的基础性工作,也是衡量实践教学质量的最重要依据。

3. 过程性原则

实践教学环节是一个动态过程,是通过实践教学活动将教师、学生及管理三个方面联系在一起的完整系统。因此,评价应侧重于动态过程,从教学的基本规律出发,制定出相应的质量标准对实践教学过程进行评价,并对实践教学过程按目标质量的要求进行指引。

4. 有效性原则

实践教学质量评价的目的是要为学校提供充分、准确和有价值的信息,并端正办学方向、调整教学过程,从而达到提高教学质量的目的。因此,评价活动应该在评价的过程中对实践教学工作全过程进行有效的监控和影响,同时还要使评价结论成为学校制定政策、订立新工作目标的重要依据,并对学校有关人员形成相应的激励作用。在制定各项评价指标时,一定要充分考

第五章　法学教育实践教学体系

虑指标的可实施性，指标定义要明确，一、二级指标与主要观测点间要有内在的逻辑联系，评审标准要客观、全面，并符合法学专业实践教学的总体目标。

三、递进式法学实践教育的质量监控

（一）递进式法学实践教育的系统原则

当前社会需要的高素质人才应当看重知识、能力和素质这三个方面。要适应市场需求，培养符合人才目标要求的高素质人才，就要不断完善理论教学体系、实践教学体系、综合素质教育体系，并将其充分体现在培养方案和教学计划中，落实在培养模式改革和课程体系的改革上，充分研究系统、要素、环境三者的相互关系以及变动规律，优化系统的整体结构和功能。具体而言，要遵循认识规律和教育规律，结合培养人才目标和能力培养的主线，结合专业自身的特点，使实践教学体系中的各组成部分相互支持、协调统一；使实践教学活动相互依附、相互补充和相互配合；注意实践教学与理论教学的相互渗透；结合理论教学内容和课程体系改革，保证实践教学体系的整体性和高效性；要切实形成实践教学的有机整体，将其贯穿于培养全过程和学习全过程。

实践教学是一个系统工程，先要理顺实践教学体系的内外关系，细化实践教学目标体系，调整实践教学的内容体系，针对不同的实践类型采用不同的教学方法。在时间安排上，既有一边上课一边实习的并行式实习，也有利用假期或一个学期实践的集中式实习。各个学校应本着主动适应社会发展、自觉遵循教育教学客观规律的原则，不断探索实践教学体系的自我完善机理，构建开放式管理、高效能运作的实践教学体系。

（二）递进式法学实践教育的实事求是原则

根据学生、专业、企业、学校的不同实际情况，将实践教学的时间和内容合理地安排在课程实验、实习、实训等环节中，科学地确定实践教学所占总课时的比例，多渠道、多形式地加强与社会的联系，为学生提供实践机会和创造适宜的实践环境。实践教学体系的设置体现的就是教育思想、办学理

念和办学特色,对于巩固理论教学成果、培养学生的创新能力和开发学生的开拓进取精神具有理论教学不可替代的作用。高校应根据培养目标和培养方案,结合实际情况,构建自己独特的实践教学体系。科学完善的实践教学体系不仅要充分体现学校的教育思想、管理理念、办学目标,明确实践教学的内容和方法,也要不断完善管理、评价和反馈体系。

(三)递进式法学实践教育的规范有序原则

规范有序是指系统内部的横向系统中各个要素之间应相对稳定有序、纵向层次之间应动态有序、系统内外环境间应规范有序,这是系统发展稳定、保持动态平衡的必然结果。高等学校在学生培养方案中应该规范实践教学的时间、内容,制定出相应的指标体系和考核标准,并努力保证上下级、各部门间的规范有序,保证实践教学工作的平稳运行。

(四)递进式法学实践教育的效率原则

高校培养学生社会实践能力的过程是学生的自我完善过程。通过实践能力的培养,学生将理论知识应用于实际,不仅解决了具体问题,而且实现了知识的价值,创造了社会财富。通过实践教学培养的人才能够更好地适应社会,改善社会现状;通过实践能够影响法学学子"边干边学",为社会带来现实的经济效益,创造性地推动社会的快速发展。

(五)递进式法学实践教育的协调原则

第一,教师主导与学生主体的教与学关系。在传统教与学的关系模式中,教师处于向学生传授知识的主导地位,而学生只是教师传授知识的被动接受者。在调整教与学的关系时,教师首先要遵循"学生是教育教学活动的主体"的原则,适时采用启发式教学;然后以学生为中心,传授知识,激发学生的学习主动性。由于学生的知识来源广,不仅局限于教师和教室,还可以从课堂外和网络上获取,因此学生不仅应"学会",更重要的应该是"会学"。

课堂教学应该是教学过程中最核心的环节,课堂教学的本质是教师根据教学目的和学生身心发展的特点,有计划地引导学生接受知识。教学是师生双方共同参与的信息双向传递过程,是通过教与学使学生在认知、技能方面发生心理变化及形成自身个性的过程。教学对教师而言是由已知向他知转化的过程，对学生来说是由未知向已知转化的过程。要提高课堂教学效率，必须处理好师生关系，解决教与学的矛盾。教师要根据教学内容的安排采用行之有效的方法，引导学生进行自主性学习和探索性学习，确立学生在教学中的主体地位。

第二，通识教育与专业教育的融合关系。高等教育是一种专业性的教育。在社会分工进一步细化的同时也要求高等教育能培养出各式各样的专业人才。由于科技对国家的经济发展有着直接的推动作用，受教育者接受专业教育后能更容易找到工作，因而专业教育具有较强的功利主义色彩。近年来，高校教育界在提高教育质量的要求下也指出了要加强通识教育，当然这不是反对专业教育，而是要求专门人才应该具有较宽的普通文化知识，加强人类共同价值观念的教育。

第三，理论教学与实践教学的相辅相成关系。社会越来越要求高等教育在创新人才的培养和直接推动社会发展方面扮演更重要的角色，这就要求高等教育与社会实践实现更紧密的结合，优化理论教学，加强实践教学；合理规划学习时间，鼓励学生参加各种社会实践活动；重视校内实验室建设和校外实习基地建设。

第四，课堂内与课堂外的教学关系。"课外"是指除课堂教学时间以外学生的时间。学生的课外时间远远多于课内时间，重视课外学习、处理好课内外的关系对学生创新能力的培养非常关键。当代社会经济飞速发展，学生能够通过互联网了解科技信息，拥有的技能甚至超过了教师。教师的课堂教学虽然兼顾了班集体学生的特点，但不利于学生个性的发展。课外实践教学可以拓宽视野，培养学生的兴趣、爱好、特长，凸显个性的发展，增强其社会适应性，学会与人合作。

第五，结果考核和过程考核的评价关系。学校应该把结果考核和过程考核两者结合起来，对学生的社会实践教学活动的质量进行全面、细致地评价和考核。结果考核就是根据实践教学的成果来评定学生的实践课成绩，如社会实践调查报告、社会服务总结、毕业论文等，其优点是操作简便，可行性强，评价尺度较为完善，能够直接反映出大学生的社会实践能力和水平。过程考核则是对学生社会实践全过程的考察和评价，包括社会实践的前期准备、实践过程中的态度以及实践结果等。它侧重于考核大学生在社会实践中的具体表现，避免了单靠一个调查报告或论文来评定学生实践教学成绩的简单做法。

（六）递进式法学实践教育的创新原则

不同高校应当结合自己的培养目标、专业特点、课程特点，构建自己的实践教学体系，以达到突出效果、追求特色、彰显个性的目的，体现创新原则。实践教学要提出构建"一个目标、两个保证、三个结合、四个层次"的实践教学体系方案。

"一个目标"是指培养财务管理应用能力。

"两个保证"主要包括：第一，实践计划保证，即在规定时间内对实践性教学作出总体规划和程序安排，规定学生必须具有的实践技能，规定实践性教学的目标、任务，按实践项目分层次规定出实践教学的内容、操作程序、要求及考核办法等，并将其落实到各实践教学环节中，处理好实践教学与理论教学的关系，即理论先行、实践验证、重点提高能力；第二，实践教材应涵盖本专业课程的基本内容，实现层次性、整体性和有效性的统一。

"三个结合"则是指能力培养与素质教育相结合、课堂内与课堂外相结合、产学研相结合。

"四个层次"是遵循知识的系统性与认识的渐进性相结合的原则，对整个实践教学过程进行优化。与公共基础课相对应，实践教学培养学生的应用素质；与专业基础课相对应，设置针对财务管理重要知识点的单项实验与科研，使学生获得专业技能的训练；通过毕业实习和毕业设计，强化学生的专业能力、实践动手能力和创新能力。

此体系设计符合创新高效的原则，运行效果十分明显，对其他人文社科专业实践教学体系的构建具有重要的借鉴意义。

四、递进式法学实践教育的优化策略

在递进式法学实践教学中，唯有制定一套合理完备的教学目标，坚持用教学目标引领方向，量化教学目标标准，将教学板块的设置、操作与教学目标紧密结合，才能真正实现递进式法学实践教学的稳步向前。

第一，法学实践理性引导。法学实践理性在递进式法学实践教学中起着至关重要的作用。递进式法学实践教学体系整体培养目标的构建、目标的实现过程、结果的考核都要在法学实践理性的引导下进行。在法学实践过程中，学生可以通过社会性实践提升法学实践理性，一方面，它可以引导学生站在"客观、理性第三人"的角度去审视、思考和分析法律实务案件；另一方面，通过客观、理性的审视，它可以在总体上加强法学学生对法律信仰、法律伦理的信念感，在职业过程中遵循法律职业伦理道德，自觉践行法律人的社会责任。

第二，建构实践课程模块。递进式法学实践教学培养目标的实现有赖于实践课程的优化设置。法学实践课程的设置应充分体现循序渐进和层次性。法学本就是逻辑性和实践性极强的学科，学生对法学理论知识和实践知识的掌握应是一个不断提升和逐步提高的过程，因此要构建、完善和丰富有层次性、阶段性和逻辑性的法学实践课程模块，最终实现培养有实务操作能力的法律人才目标。

第三，培养法学实践策略。法律实务是复杂多样、千变万化的，解决法律实务问题需要培养学生的法学实践策略，使得学生在面临纷繁复杂的社会问题时能够"具体情况具体分析"。首先，要培养学生的法律思维能力，引导学生从法律的专业视角并用专业意识去看待社会问题，能够准确地抓住社会问题的"法律症结"所在；其次，要帮助学生将法学理论知识、法学实践技能和问题三者相融合，从而寻求最优化的法律解决策略。这就是法学实践策略的初步形成过程。但法律实务问题并不是永恒固定的，它会随着时间和空间的迁移而发生变化。因此，还要求学生要学会优化法学实践策略，学会总结、反思，将策略由"个别升华为普遍"，凝练出蕴含法律智慧且具有参考价值的思维策略，以提升实践效率。

第四，凝练法学实践智慧。递进式法学实践教学的最终目标是培养学生运用法学理论准确、高效地解决社会法律实务问题，因此，将学生在实践过程中获得的信息及宝贵经验提升、凝练成法学实践智慧是非常关键的环节。学生只有在实践中通过无数次检验、验证,最终将法学知识转化为法学智慧,再将其应用到社会问题中,形成有来有往的"吸入"和"输出"的过程,才能实现整个法学教育的终极目标。

思考与练习

1. 实施卓越法律人才教育培养计划的重点是什么?
2. 诊所式法学实践教育的价值是什么?
3. 如何进行递进式法学实践教育的目标设置?

第六章 法学教育的教学创新

第一节 新媒体时代法学教育的教学实践

法学教育要紧随时代和社会的发展,引入新媒体时代新生的各种理念和技术,促进法学教育质量的提升,以提升法学专业学生的竞争力。以下从法学教育的定位以及新媒体时代如何有效提升法学教育改革进行深入探讨。

一、法学教育的定位分析

(一)以适应社会法学岗位需求为目标建立培养方案

对于高职法学教育而言,其整体教学方案体系的建立要充分体现高职教育的核心定位。因此,高职法学教育要体现应用型教育特点,提升学生实际应用能力的培养成效。具体而言,高职法学教育首先要紧密结合当前社会法学相关岗位的发展与需求的变化,建立一个能够充分适应新时代法学岗位需求的理论知识和实践能力有机结合的教育结构。其次,在应用型法学人才的培养目标下,高职法学教育的培养方案和课程体系设计也要着重于法学实践的开展,让学生通过高质量的法学教育实践提升其法律的思辨思维,促进学生合作意识和创新意识等的培养,最终实现学生解决法学问题综合能力的提升。综上所述,高职院校法学教育的重要定位就是立足于技术应用型人才的核心培养目标,通过加强法学教育实践促进学生综合能力的提升,以适应法学岗位的实际需求。

（二）以学生为主体，加强学生法学应用性能力的培养

在以应用型法学实践人才为培养目标、法学实践课程为重点的培养方案的基础上，高职法学教育在教学目标实现和教学任务的实施上，要以学生为核心，优化教育模式，通过加强学生的参与度来提升学生的学习成效。因此，在高职法学教育的课堂教学中，教师应该注重各类教学情境的创设，各种贴近实际的教学案例等的创设让学生能够在良好的教学情境下积极进行思辨，深入建立案件分析思路，有目的性地进行法条规范的学习与应用，促进学生的学习成效。此外，各种模拟法庭、法学辩论等实践活动也要积极开展，让学生自主参与到生动的教学实践活动中，积极交流，在确保教学趣味性的同时有目的地提升法学教育成效，以提升学生的综合技术应用能力。

二、新媒体时代法学教育教学的改革成效

（一）有效加强法学教育模式的更新

新媒体时代下，法学教育中一些较为传统的教育模式，一方面无法满足新的教学需求，另一方面无法和新的教育技术有效融合，制约了新兴教育模式的推广和应用。因此，在新媒体时代下，有效加强法学教育改革的一大重点就是更新教育模式。过去单方面的"填鸭式"教育模式和新媒体时代下信息内容复杂、信息传递方式多变的特征相冲突。学生在面对外界良莠不齐的信息冲击的情况下，思想等各方面会出现较大的波动。但是"填鸭式"传统教育模式无法根据学生的疑惑来有针对性地进行引导和教育，使学生在学习过程中显得很茫然、吃力。新媒体时代下，教师在教学过程中要积极引入新的教育辅助技术和工具，并充分尊重学生在教育过程中的主体地位，借助各类新媒体时代便利的技术和工具更好地了解学生的思想动态，从而高效提升为学生答疑解惑的能力。

（二）有效加强教育资源的投入，强化网络与新媒体平台建设

"新媒体时代下，教育技术的信息化是非常重要的特征之一。而新媒体

第六章　法学教育的教学创新

信息化对法学实践教学的提升也有非常显著的促进作用。"[1] 因此，在法学教育改革中，学校等方面应该系统性地进行法学教育的信息化改革。而要有效促进系统性的信息化革新，充足的教育投入必不可少。为此，国家、社会、学校都应该有效达成一致，给予法学教育以充足的资金和技术支持，为法学教育的网络和平台建设提供坚实的物质基础。具体而言，法学教育应先引进网络建设方面的人才，并积极结合社会法学岗位需求咨询相关方面的专家，设计高质量的法学教育网络平台，为法学教育的信息化改革打好基础。

第二节　人工智能赋能法学教育的教学实践

"人工智能技术作为计算机科学的分支学科之一，是一门研究、开发用于模拟、延伸和拓展人的智能的理论、方法、技术及应用系统的技术科学。"[2] 人工智能技术在人类科技水平不断提升、社会及市场变革、各国政府大力支持等多方面因素的影响下，正在以高速发展的状态改变着人类生活的各个方面。为了更好地适应人工智能对社会造成的影响，教育创新迫在眉睫。对法学教育来说，只有培养出能良好适应社会法治建设的复合型高素质法律人才，才能依托人才力量，积极回应社会各界对法律的需求，积极建设法治社会。

一、人工智能下法学教育教学发展的动因

(一) 国家科技发展政策及条件较为成熟

科学技术是社会进步的主要动力，中国早在1995年就确定了科技兴国战略，并一直坚定不移地坚持科技强国的发展道路，致力于推动科学创新。人工智能技术作为未来的战略性技术，对产业升级和转型具有重要推动作

---

[1] 侯静. 新媒体时代高职法学教育改革的实践研究 [J]. 现代职业教育, 2021 (47): 189.
[2] 杜梓伊, 曹婷, 许柏琳. 基于人工智能背景的法学教育创新策略 [J]. 吉林省教育学院学报, 2023, 39 (8): 162.

用，同时也成为世界各国竞争的技术。随着大数据、云计算、物联网和互联网等技术的不断发展，人工智能技术成功弥合了科学研究和实际应用之间的技术鸿沟，迎来了技术爆发式增长的高潮。此外，人工智能技术对人类生活的各个方面都产生了深远影响。为了促进高新技术产业的发展，中国相继出台了一系列支持政策，为人工智能技术的创新提供了可靠支持。在人工智能时代，推动法学教育的创新势不可挡。只有紧密结合社会发展趋势，及时调整法学人才的培养方向和教育方法，确保法学人才教育的先进性和科学性，才能更好地满足未来人工智能时代建设法治社会的需求。

（二）人工智能下需要更多新型法治人才

传统法学教育的核心目标是培养具有扎实法律专业知识、过硬法律职业技能和良好职业素养的综合性人才，但在人工智能时代，法治人才还必须具备人类特有且区别于人工智能技术的智慧和才能。法律的本质是一种概括、普遍、严谨的行为规范，具有法定性、权威性、被动性和独立性特点，非必要不可更改。法律的特点为其程序化应用提供了可能，当前已有部分国家在司法实践过程中，利用人工智能技术对法律文件进行编程，辅助司法人员处理司法案件，能有效提高司法案件的处理效率。但司法审判也同时具有主观性特点，"法不容情"或"法外有情"一直是司法行业内争论的重要议题，法理和情理从不曾真正割裂，让司法有力量、有温度也是国家司法追求的至高境界。只有以法律为标准，依托法治人才的法律知识和审判智慧，对案件进行灵活审判，才能在维护社会秩序的基础上，建设更有人情味的社会环境。因此，法学教育也应积极创新，主动适应科技融合条件下司法活动的变化趋势，帮助法治人才精准把握新科技时代下社会司法建设的实际需求，促进国家司法事业的健康发展。

二、人工智能赋能法学教育教学的实践策略

（一）深化法学理论基础，强化技能训练效果

法学教育属于高等教育范畴，学历教育层次主要包含专科、本科、硕士、博士等多个层次，其中法学专业（专科）的育人目标是培养面向基层的

应用型高等法律专门人才，学生就业岗位多为法律秘书、法律助理等；法学专业（本科）的育人目标是培育具有扎实法律专业知识及创新能力的高级应用型人才，学生就业方向包括但不限于国家立法机关、检察机关、审判机关、司法行政机关、法律服务机构等。虽然法学专、本科教育在知识结构、师资结构、办学模式和组织结构方面有较大的差别，但二者在育人方向上具有高度的相似性。随着人工智能技术在司法领域应用范围的不断扩大，在可预见的未来，初级法律从业人员的岗位工作很可能会被人工智能所替代。因此，各大高校应充分意识到教育创新的紧迫感，改变传统法学教育中"一刀切""填鸭式"教育的弊病，提高法学基础理论教育深度，确定法学专业人才在实际岗位工作中不可替代的地位，才能充分提高法治人才的核心竞争力。

教育的本质是为国家建设培育人才，创建可靠的人力资源队伍，依托人才的力量助力国家健康发展。改革开放以来，我国经济从高速发展状态逐步向高质量发展状态过渡，创新发展成为引领经济发展的新动力。高等教育作为国家培育重要人才的手段，一方面应主动适应国家经济转型变化；另一方面也应从教育方向、教学方式等方面逐步进行改革，提高高等教育人才培育质量。新时代背景下，社会需要理论与实践均衡发展的高素质复合型法治人才。因此，增强法学教育中实践训练占比，强化法学职业教学效果也是当前各层次法学教育的重要改革方向，利用法律职业技能实训能有效弥补传统法学教育中重理论的缺点，改善高等教育和社会人力资源需求之间的不适应、不匹配现状，优化高等教育社会化质量，实现现代高等教育培育创新型、应用型高级专业人才的教育目标。传统法学教育多采用一对多的课堂理论教育方式，学生在专业学习中过于沉溺背诵法律条文、反复进行技能考试训练，实践经验累积不足，会在一定程度上影响法学专业学生对复杂法律问题判断的准确性，不利于维护国家司法的权威性和公正性。因此，法律职业技能培训可从增加实践训练占比、创新实践训练形式等方面入手，以一线实习代替课堂模拟，让学生在接受教育的同时参与检察院、法院、律师事务所等机构实习，亲身参与简报制作、管理证人、协商解决、庭审旁听等环节，全面提高法治人才的实践应用能力。

（二）优化法学课程体系，推动学术研究创新

人工智能技术背景下，不仅司法领域可借助新兴科技优化司法实践质效，人们生活的各个方面也都有高新科技、智能产品的参与，这就导致了司法案件的复杂程度和科技含量逐步提升，使得现代司法事业对法治人才的创新意识和问题剖析能力要求更高。只有真正发现司法问题的本质并根据实际情况提出创新性司法处理办法，才能更好地适应社会的变革。因此，法学教育应在现代教育的基础上，结合国情变化对课程体系进行逐步创新，推动学术研究，打破传统法学教育一成不变的刻板印象。带领学生打破法学教育思维定式，鼓励学生对法学知识进行深入研究，使学生能够在实际工作中充分维护法律的权威，为更多人提供法律援助，保障司法的公平性和公正性，同时也让更多的人感受到法律的温暖，避免培育出只会机械办案的"法律机器"。

（三）厘清法学学位关系，打通跨学科人才培养渠道

复合型高素质法律人才是指具有不同学科背景的法律职业工作者。若想实现培育复合型高素质法律人才的高等教育目标，必须对当前法学教育的学位制度和培育形式进行创新和改革，才能打通法学人才培养新渠道。

我国法学教育长期以来始终存在学位教育目标不明确、学位关系不清晰、学术研究守旧等不良现象。虽然当前法学教育针对不同侧面划分出学术学位与专业学位、学士硕士博士、第一学位与第二学位等几种类别，但各学位教育的规划并不清晰。厘清法学学位关系有助于帮助高校明确不同学位教育的核心目标。以法律硕士学位教育为例，虽然该学位在我国法学教育中已有数十年的开设历史，并在多年来为国家司法行业输送了大量法律专业人才，但仍存在法律硕士教育内容和法律岗位实践内容脱节的情况。很多法律硕士在进入岗位工作后难以及时为单位提供必要的人力支持，导致社会很多企事业单位及司法对口企业更乐于招聘法学硕士，而并非法律硕士。这一现象已经能充分说明当前我国法学教育学位规划存在严重问题。重新梳理法学学位制度，保障各学位教育的区别性和针对性，明确不同学位关系，减少各

学位教育内容的重合性，保障各法学学位间具有紧密衔接的逻辑关系，对填补我国司法教育空白、提高司法人力资源的利用率具有重要意义。

第三节 区块链技术在法学教育中的教学实践

一、区块链技术与法学教育信息化的耦合效应

随着区块链技术的广泛实际应用，传统社会的商业规则、社会组织结构和运营方式正在经历颠覆性的变革。这一技术创新引入了去中心化的治理结构、去信任的价值网络、公开透明的秩序空间和匿名可追溯的信息传输机制等。区块链技术颠覆了传统社会中的权力结构和信任机制，搭建了国家和社会之间的新桥梁，并瓦解了传统教育领域中的权力障碍和信任危机，它在去中心化的治理结构中塑造了教育信息化的技术迭代和应用模式。

（一）区块链技术赋能法学教育的变革逻辑

首先，区块链技术的去中心化特征替代了传统的分层权力结构，建立了一种新秩序，其中所有参与者都能够相互信任。区块链环境下的智能合同共识机制能够建立公开透明、互操作性强、高效便捷的自动执行机制，从而优化了公共服务并提高了治理实施效能。其次，区块链技术的去信任特征有助于打破分层制度中信息传递的障碍，降低了跨部门、跨层级的监管障碍。通过区块链技术的互操作性和数据共享，有助于解决数据伪造和监管逃避等问题。最后，区块链技术的互操作性能够通过深度集成大量数据提高法治运行的理解和应用能力，包括动态分析、实时监测和精确预测。例如，在司法和执法领域，区块链技术解决了电子数据存证的难题。区块链技术与智能合同的深度融合推动了司法审判和执行活动的自动化和智能化，有助于解决司法审判标准不统一和执行问题。最后，区块链技术凭借其点对点传输、加密算法、共识机制等技术优势，通过构建数据共享、实时认证和可信任的应用场景推动治理结构和模式的智能化。然而，区块链技术虽在法律领域和法律行业的多方面进行了应用转型,但也面临透明监管、算法黑箱、数据资源共享和技术风险等挑战。

因此,有必要明确区块链技术为法学教育现代化带来的变革逻辑,研究其核心内涵、价值目标、构建机制和融合发展路径。具体来说,区块链技术为法学教育现代化注入了活力,需要在强调其技术属性、价值属性、制度属性和功能优势的同时,也要警惕技术应用的限制和泡沫陷阱。

(二) 区块链技术赋能法学教育的需求分析

区块链技术为法学教育带来了多元化的教学需求和质量评价趋势,许多研究机构已开始根据区块链技术的特点进行教育系统升级、课程体系优化和师生角色平行化的改革和重塑。区块链有助于使法学教育建立以学生为中心的教育生态系统,解决了法学教育信息化改革中的问题,包括教育资源供给、教学过程细化、多元化教育评价和培养模式方面的问题。

二、区块链法学教育教学中的人才培养模式

区块链法学教育的兴起与实践正在开启人才培养模式的全新时代。一方面,区块链技术在法律领域和法律行业的应用场景不断拓深,显现出技术驱动与价值共识的双向赋能;另一方面,区块链法学教育的多元化技术图景也催生了人才培养模式的创新与变革。区块链法学教育绝不仅仅是技术驱动的简单叠加或者单向度的窄化,应当在坚持中国法学自主性的基础上,推动法学教育的变革;在对标全球视野和对接智慧社会转型的现实需求下,探究人才培养模式的产学研协同创新与赋能行动路径。

(一) 区块链法学教育教学中人才培养模式的产学研协同创新

伴随着区块链行业的发展,法律领域和法律行业也面临着颠覆性变革和创新,我们必须积极应对,既要反思长久以来学科之间固有的藩篱和方法论之争,也要关注当下法律实践和法律行业的新气象、新问题和新挑战,了解跨学科人才培养模式的必要性和可行性。

区块链法学教育生态系统的建构与塑形既需要积极应对区块链技术革新所带来的去中心化、智能合约、去信任机制等思维方式变革与研究方法转

变，也需要积极吸纳跨学科和跨部门协作，在产学研高度协同合作中推动教育模式的创新。首先，在课程体系设置上，可以借鉴哈佛大学、斯坦福大学等顶尖高校的产学协同合作模式。既注重课程设置的产教融合与全球视野，课程内容涵盖区块链法律规制、区块链产业融合、区块链金融监管，同时也需要服务于产业发展、教学科研与人才供给方式，用教育的方式为区块链行业发展提供具有全球视野的高端人才。其次，校企合作模式能够精准洞悉行业运行痛点。比如，纽约大学的课程让学生了解智能合约与产业结合的技术架构和共识机制，既能够培养学生了解区块链的工作原理和场景应用，也能够从科技与法律博弈的视角进行知识谱系的融会贯通，有助于学生从应然层面的学理架构真正进入到行业应用领域，消解知识传授的学科壁垒和知识鸿沟，为区块链法学教育培养模式的转型升级助推赋能。

（二）区块链法学教育教学中的计算思维迭代与赋能路径

以大数据、云计算、人工智能、区块链为代表的新一轮信息革命的兴起，在颠覆性改变人类的生产、生活方式和价值观念的同时，也使得人类进入数据可计算的智慧社会。传统法学教育所固守的法律规范体系的范式与边界在不断地被打破和重建，计算思维开始渗透到法律行业和法律治理领域。身处变革浪潮的法学教育必须积极回应变革与挑战，为智慧社会建设提供智能支撑、学理赓续、价值共识与人才供给。

第一，知识谱系的更新与计算思维的变革。伴随着区块链技术的迅猛发展和场景多元化，法律领域和法律行业也面临着法律价值、法律关系、法律行为的知识谱系更新与计算思维的迭代。长久以来，法学教育中始终存在着法教义学与社科法学的方法论之争和学科壁垒，法律知识与逻辑体系的规范性、封闭性造成了滞后与缺失，难以应对日新月异的信息革命的变革与挑战。区块链法学教育亟需开放包容的理念，将计算思维贯通到法学教育的实施环节，打破社科法学与教义法学的固有壁垒，实现知识谱系的更新。

第二，提升学生的数据素养能力，重视挖掘学生的跨学科能力、数据分析能力，在批判性思维和创新性思维的启发下更好地理解区块链技术驱动下法学教育变革的方法论镜像与制度化实施路径。从国外大学所开设的区块链课程来看，通过引入项目制改革、科研管理机制和科研资源支持突显了跨学科知识格局，致力于打造教学科研共同体，推动产学研的高度协同，注重培养学生的数据素养和科研能力，帮助学生更好地理解区块链法学教育的学理溯源、实践应用与前瞻方向。区块链技术的迅猛发展正在引领着法律领域和法律行业的实践创新。法学教育也要高度关注区块链金融、智能合约应用、数字货币等新命题、新挑战，探索法学教育的实践创新与前沿趋势，提升法学教育的实施成效。区块链法学教育作为一种正在勃兴的实践试验项目与创新培养模式，还要与政产学研界进行深度创新协同。

思考与练习

1. 如何进行法学教育的定位？
2. 人工智能赋能法学教育教学有哪些实践策略？
3. 区块链法学教育教学中从有哪些人才培养模式？

参考文献

[1] 薄晓波. 混合式教学方法在法学教育中运用之探索 [J]. 教育现代化, 2019, 6 (54): 195－197, 200.

[2] 曹锦秋, 郭金良. 高等学校法学实践教育创新研究: 从实训课程与模拟法庭的关系视角切入 [J]. 辽宁大学学报 (哲学社会科学版), 2018, 46 (4): 186.

[3] 曾明生. 初论刑法的教育性 [J]. 商丘师范学院学报, 2010, 26 (2): 109－113.

[4] 陈璐. 论刑法学教育的基本维度及应处理好的几个关系 [J]. 郑州师范教育, 2018, 7 (5): 22－28.

[5] 陈伟. 法学学术型硕士研究生实务能力培养探究 [J]. 朝阳法律评论, 2015 (1): 208.

[6] 陈彦艳. 法学实训教程 [M]. 北京: 经济管理出版社, 2018.

[7] 杜梓伊, 曹婷, 许柏琳. 基于人工智能背景的法学教育创新策略 [J]. 吉林省教育学院学报, 2023, 39 (8): 162.

[8] 段辉艳, 罗丽琳. 递进式法学实践教学体系的探讨与实践 [M]. 北京: 知识产权出版社, 2013.

[9] 范淼, 赵嵩. 应用型法学人才培养模式研究: 以刑事模拟法庭教学方法为例 [J]. 法制与经济, 2020 (7): 126－128.

[10] 高铭暄. 刑法基本原则的司法实践与完善 [J]. 国家检察官学院学报, 2019, 27 (5): 13－32.

[11] 侯静. 新媒体时代高职法学教育改革的实践研究 [J]. 现代职业

教育，2021（47）：189.

[12] 胡佳艳. 应用型法学人才培养模式探究［J］. 法制与社会，2020（5）：204.

[13] 蒋国宏. 法学教育中的法学实践教学原则探究［J］. 法制博览，2017（30）：215.

[14] 康琪，丁邦平. 关于教育目的与教育目标、教学和课程目标关系的再思考［J］. 北京教育学院学报，2016，30（2）：39.

[15] 李文超. 刑法翻转课堂的教学实践与优化对策［J］. 法制与社会，2020（32）：163.

[16] 李旭东. 论规范逻辑进程中的法律概念［J］. 哈尔滨工业大学学报（社会科学版），2021，23（4）：52.

[17] 刘海芳. 我国法学教育模式的创新研究：评《法学专业实践教学的理论与创新》［J］. 高教探索，2019（9）：145.

[18] 刘润仙，郑文科，翟业虎. 民法总论［M］. 北京：对外经济贸易大学出版社，2011.

[19] 刘艳红. 实质刑法的理论与实践：基于三部曲的整体思维［J］. 东南学术，2021（2）：56－68.

[20] 刘英俊. 法学教育理论教学与实践教学的同构：以《民事诉讼法》为例［J］. 湖北函授大学学报，2016，29（8）：93－95.

[21] 马婷婷. 法学实训教学概述［J］. 成人教育，2011，31（12）：112－113.

[22] 马毅. 行政法原理与实务［M］. 银川：宁夏人民教育出版社，2014.

[23] 牟晋文，张云霞. 刑法学教育的基本维度及应处理好的几个关系探析［J］. 法制与经济，2020，29（12）：112－114.

[24] 潘久红. 民法教学理念与民法精神培养方法分析［J］. 法制与社会，2020（36）：164－165.

[25] 蒲晓媛. 体验式教学在行政法与行政诉讼法课程教学中的应用

[J]．内江师范学院学报，2017，32（7）：115．

[26] 孙桂华．递进式法学人才培养实践教学体系：理论阐释与策略分析［J］．劳动保障世界，2020（8）：61．

[27] 唐波．法学实践教育模式研究与创新［M］．上海：上海人民出版社，2018．

[28] 王晨光．回顾与展望：诊所式法学教育在中国［J］．法学教育研究，2011，5（2）：20．

[29] 王生华．论实践教学在民族地区法学教育中的创新［J］．当代教育理论与实践，2016，8（2）：47．

[30] 王晓冬．诊所式法学教育：定位于专业技能培养的法学教学新手段［J］．中国科技信息，2005（20）：112．

[31] 王元科．推进民法在高职院校法治教育中的意义与思路［J］．法制与社会，2019（1）：203－205．

[32] 武建敏．当代法学教育中的理论训练［J］．廊坊师范学院学报（社会科学版），2018，34（3）：107－111．

[33] 徐立．试论法学教育目的与诊所式法律教育培养目标的一致性［J］．湖北社会科学，2007（2）：137－141．

[34] 张俊鹏．行政法的独特性与行政法教学改革的应对措施［J］．法制博览，2019（23）：285－286．

[35] 朱桤成．早期国家的强制力与法律运行模式：以古代冰岛共和国"资格刑"为研究对象［J］．哈尔滨工业大学学报（社会科学版），2020，22（5）：44．

[36] 邹小琴．混合式教学法在法学教学中的运用研究［J］．法制博览，2020（2）：223．